Charlotte Hofmann-Hege

Heimkehr

Erzählung aus der Nachkriegszeit

Quell Verlag Stuttgart

ISBN 3-7918-2195-4

1. Auflage 1987
Einbandgestaltung: ARTelier Fichtner Stuttgart
Einbandfoto: dpa
Satz und Druck: Quell Verlag Stuttgart

Seit jenem denkwürdigen Abend im vergangenen Sommer weiß ich, daß ich die folgenden Begebenheiten wahrheitsgemäß zu berichten habe.
Zwar bin ich nur eine einfache Bäuerin von der Schwäbischen Alb, habe nicht viel gelernt und bin auch in den fast sechs Jahrzehnten meines Lebens nicht weit herumgekommen, aber ich muß das Aufschreiben trotzdem versuchen, denn wir Heutigen sind allzu schnellebige, vergeßliche Leute. Und wie sollen die Generationen von morgen aus unseren Erfahrungen lernen, wenn sie gar nichts darüber wissen?
Doch ich will der Reihe nach erzählen.
Zunächst war es in der Tat ein höchst seltsamer Abend. Ich hatte gerade ein Polenpaket fertig adressiert, blickte auf die Uhr und entdeckte, daß es zu spät sein würde, um es noch auf die Post zu bringen. »Hanne«, sagte ich zu mir, »die Sommerzeit ist dir immer noch ungewohnt, die Helligkeit täuscht dich über die vorgerückte Stunde.«

Da läutete es an der Haustür. Ich öffnete und sah mich einem mir unbekannten, freundlichen jungen Mann gegenüber. Doch als ich aufmerksamer in sein Gesicht blickte, wurde mir einen Augenblick schwindelig. Es war mir, als fielen die letzten Jahrzehnte wie ein Nichts in sich zusammen. »Wolfgang . . .«, stammelte ich verwirrt.

Betroffen trat der junge Mann einen Schritt zurück. »Sie haben mich nie gesehen«, erwiderte er mit unüberhörbar norddeutschem Akzent. »Ich war noch nie in Süddeutschland – und trotzdem nennen Sie mich bei meinem Vornamen?«

Ich hatte mich wieder gefaßt und versuchte zu scherzen. »Fast ein bißchen unheimlich, nicht wahr? Auch für mich selbst.«

Dann fuhr ich zögernd fort: »Ich bin zwar kein Hellseher, aber ich möchte Sie fragen, sagt Ihnen der Name ›Relenberg‹ etwas?«

Erleichtert atmete mein Gegenüber auf und trat näher. »Ja, so hieß mein Großvater. Sie haben ganz rasch erraten, wer ich bin. Sehe ich ihm ähnlich?«

»Das nicht gerade. Ich kannte Ihren Großvater nur als älteren Herrn. Aber Ihrem Onkel, nach welchem Sie wohl getauft sind, dem gleichen Sie wie aus dem Gesicht geschnitten.«

»Ich kenne ein Foto von meinem Onkel. Es stand auf dem großelterlichen Bücherbord in Berlin. Sonst weiß ich nicht viel von ihm. Auch von Ihnen weiß ich nur, daß Sie das ›Hannele aus Hilwen‹ sind,

das den Großeltern und meiner Mutter im Zweiten Weltkrieg viel Gutes getan hat, lange ehe ich geboren wurde. Deshalb sagte Mutter bei meiner Abreise nach Süddeutschland: ›Sobald du mal Zeit hast, unternimm einen Ausflug auf die Schwäbische Alb und schau beim Hannele vorbei.‹ Und da bin ich nun! Wie gut, daß ich Sie angetroffen habe!«
»Ich freue mich sehr, denn ich will viel von Ihnen wissen! Nach Ihres Großvaters Tod brach die Verbindung nach Berlin ab, wie das halt immer mal wieder so ist im Leben!«
Ich forderte ihn auf hereinzukommen, er ließ sich nicht zweimal bitten, er stellte auch gleich sein Fahrrad in den Flur. Wir aßen gemeinsam zu Nacht, der junge Mann überwand bald alle Schüchternheit und stand mir Rede und Antwort. Er war mit dem Flugzeug von Berlin gekommen und erkundigte sich nun nach einem Studienplatz in Tübingen. Da sein Großvater auch in Tübingen studiert habe, wolle er es jetzt ebenfalls dort versuchen.
»Und wie mag es Ihrer Mutter Anita gehen?« fragte ich eifrig. »Sie war noch ein junges Mädchen, als ich sie das letzte Mal sah – und nun hat sie bereits einen erwachsenen Sohn! Ihre Großmutter Relenberg hat mir einmal von den aufregenden Umständen von Anitas Geburt erzählt: Es war am 30. Januar 1933, als sie durchs Radio vom Berliner Fackelzug Adolf Hitlers erfuhr. Das hat sie, wie sie meinte, derart erregt, daß die Wehen einsetzten. Und am anderen

Morgen war der Nachkömmling, das kleine Mädchen da, das inzwischen Ihre Mutter wurde.«
Nach dem Abendbrot setzten wir uns in die Laube hinter dem Haus, und Wolfgang machte es sich behaglich. »Ja, wir Berliner«, sagte er mit einem Anflug von wehmütigem Humor, »wir haben schon ein besonderes Schicksal, es ist sehr verschieden vom Leben eines Älblers. Meine Geburt soll ja auch so dramatisch gewesen sein. Mutter arbeitete ja bald nach dem Krieg drüben in Ostberlin. Und sie hat sich, wohl nicht im Sinne ihrer Eltern, dann auch nach drüben verheiratet. Aber zur Geburt ihres ersten Kindes wollte sie in eine Westberliner Klinik, in der Nähe des Elternhauses. Man soll damals allerhand über eine Abriegelung gemunkelt haben. Es war im August 1961. Meine Mutter lag noch auf der Wochenstation, als eines Morgens die Berliner Mauer stand. Inzwischen bin ich ein erwachsener Mann – und sie steht immer noch.«
Ich fragte nach seinem Vater, da wurde er schweigsam. »Ich weiß nicht, ob die zerbrochene Ehe meiner Eltern vielleicht auch eine Folge der ›Mauer‹ ist. Mag sein, daß meine Mutter über manches nachzudenken hatte. Wahrscheinlicher ist, daß diese Ehe überhaupt etwas voreilig geschlossen worden war – kurz und gut, sie ging in die Brüche. Ich bin ja in das Westberliner Geburtsregister eingetragen und dann auch dort geblieben.«
Eine leise Traurigkeit legte sich über die abendliche

Laube, ich vermied, nach weiteren Einzelheiten zu fragen und beeilte mich, meinem Gast ein Glas Wein einzuschenken.

»Es ist nicht leicht, ohne Vater aufzuwachsen«, fuhr Wolfgang dann fort, »obwohl zunächst der Großvater ein voller Ersatz war. Aber bald wurde er leidend. Meine Großeltern wären nun gar nicht mehr ohne die Hilfe ihrer jungen Tochter ausgekommen. Nach dem Tode der Großeltern wurde meine Mutter wieder berufstätig. Ich fand mich eigentlich ganz gut zurecht. Ich ließ den Kopf nicht hängen, denn das dürfen wir in Berlin nicht. Nein, Sie müssen nicht falsch von mir denken.«

»Das tu ich gewiß nicht! Aber das Foto auf dem Bücherschrank – steht es noch?«

Wolfgang lächelte verlegen. »Da bin ich überfragt. Die Großeltern haben kaum etwas vom Onkel erzählt. Und meine Mutter mag wohl noch zu jung gewesen sein. Ehrlich gesagt, ich habe mich auch nicht sonderlich um solch ein altes Foto gekümmert . . .«

Ja, so ist das. Wir erzählten einander dann noch dies und jenes. Ich richtete meinem Gast ein Nachtquartier in meinem inzwischen leer gewordenen Häuschen. Er nahm es dankbar an.

Am anderen Morgen machte er sich mit seinem Fahrrad unternehmungslustig auf den weiteren Weg in Richtung Münsingen. Er versprach, so bald als möglich wiederzukommen. Es sei ihm bei mir so heimatlich zumute geworden. Seine Mutter werde er mit der nächsten Ansichtskarte von mir grüßen. Ich aber lag die ganze nächste Nacht hellwach. Das Schweigen, das über denen liegt, die noch vor kurzem lebten, arbeiteten, litten und sich freuten, erschütterte mich. Was bleibt? Ein Foto auf dem Bücherschrank. Aber darf man das – so ohne Zusammenhang zwischen gestern und heute leben? Kann man es überhaupt?

So will ich denn für die Nachlebenden einiges aus jener Zeit festhalten, die keiner vergißt, der sie durchgestanden hat. Zwar bin ich ungeübt im Ausdruck und verliere auf dem Weg von meinem Kopf bis zum Schreibstift meist das Beste. Dennoch will ich auf meine Weise dazu beitragen, wichtige Erfahrungen zu bewahren.

Längst habe ich gelernt, das Außerordentliche im Alltäglichen, im »Zufälligen« zu finden. Die folgende, ganz »alltägliche« Geschichte hat tiefer in mein Sein und Denken eingegriffen, als ich damals ahnen konnte. Sie ist ein Stück weit mein Schicksal geworden, das mich wacher und aufmerksamer werden ließ für die mancherlei unsichtbaren Vorgänge, die sich hinter der sichtbaren Gestalt unseres Daseins verbergen.

Ich lasse meine Geschichte im Frühsommer des Jahres 1942 beginnen. Damals war ich gerade aus der Berufsschule entlassen worden.

In Europa herrschte der Zweite Weltkrieg. Ein erstes Ahnen beschlich uns, daß wir Deutschen ihn nicht mehr gewinnen würden. Was war schlimmer – das Verlieren oder das Gewinnen? Beides war schrecklich. Freilich, daheim in unserem bäuerlichen Alltag merkte man nicht allzuviel von diesen Ausweglosigkeiten. Höchstens dieses, daß mein einziger Bruder Fritz schon ganz zu Anfang des Krieges gefallen war und daß wir neben dem Schmerz um sein abgebrochenes junges Leben unsere kleine, etwas mühsame Landwirtschaft ohne seine Hilfe umtreiben mußten.

Unser großer Acker liegt an der Straße nach Urach, im Württembergischen. Man hat von dort aus einen herrlichen Blick über ein besonders schönes Stück der Schwäbischen Alb. Eines Nachmittags mußte ich dort allein Kohlrüben hacken. Das Wetter entwickelte sich zwar luftig und schön, aber der Boden war sehr hart und spröde, und so verspürte ich bald Kreuzweh. Da erspähte ich in der Ferne einige Spaziergänger, die in kleinen Gruppen, von Urach kommend, die Anhöhe heraufschlenderten. Gerne hätte ich einen vernügten Schwatz mit ihnen gehalten, um meinen Rücken dabei ein wenig auszuruhen. Aber die Städter nehmen uns Landleute ja nicht immer für voll. Die vorderen zwei jungen Burschen legten auch gleich mit ihren Redensarten los, wie sie ein Mädchen überall zu hören bekommt, wenn es kaum siebzehn Jahre alt ist, blanke Augen und frische Wangen hat und auch sonst nicht eben krumm

gewachsen ist. »Ei Mädchen vom Lande, wie bist du so schön!« Ich war es gewöhnt.
Das nachfolgende ältere Ehepaar grüßte jedoch aufmerksam und blieb stehen. Der Herr fragte nach diesem und jenem aus der Geschichte des schwäbischen Landes, und er war sehr gründlich damit. Die Dame lachte: »Wissen Sie, mein Mann war lange Jahre Professor für Geschichte in Berlin, da will er alles genau wissen, sogar im Urlaub.« Ich bestand aber meine Prüfung gut, und wir kamen rasch in ein umfassenderes Gespräch. Der Herr wollte noch einiges über den schwäbischen Pietismus erfahren und fragte nach unserem alten Schulmeister Kullen. Schließlich erkundigte er sich nach unserer Kirche, und so sagte ich ihm, daß am folgenden Sonntag der berühmte Pfarrer Wilhelm Busch aus Essen hier predigen werde. Ob die Herrschaften keine Lust hätten heraufzukommen?
Beide kamen am Sonntag tatsächlich und erkannten mich sofort. Nach dem Gottesdienst begrüßten sie mich, und da auch meine Eltern Freude an den aufgeschlossenen Berlinern fanden, luden wir sie für den Nachmittag in unser Haus zu Kaffee und Kuchen.
Damals ahnte ich freilich nicht, welche Bedeutung dieser Besuch für mein ferneres Leben haben sollte. Aber alle wesentlichen Dinge fangen wohl einmal sehr unscheinbar an.
Von nun an kamen Relenbergs hin und wieder zu

uns herauf, auch im Urlaub des darauffolgenden Jahres. Sie genossen die gute Luft und die Ruhe ohne Fliegeralarm, das reichlichere Essen und, wie sie sagten, die kernigen schwäbischen Menschen. Mit meinen Eltern verstanden sie sich vortrefflich, auch wenn wir nach Stand und Bildung sehr verschieden voneinander waren. Wer jedoch mit dem Herzen gut sieht, der erkennt manches, was dem oberflächlichen Blick der Augen verborgen bleibt.
Freilich, als die Familie Relenberg im November 1943 in Berlin ausgebombt worden war und eines Abends in der Dunkelheit plötzlich hilfesuchend vor unserer Tür stand, um Aufnahme bittend – sie wüßten sonst nicht wohin – war das eine schwierige Situation. Sie waren zu dritt, mit ihrem noch schulpflichtigen, nachgeborenen Töchterchen Anita. Ihr Sohn Wolfgang war Soldat und ist gleich nach seinem Abitur an die Front gekommen.
Wir waren schlichte Bauersleute mit Kuhstall, Wiesen und wenig Äckern. Nun sollte eine Professorenfamilie unser bescheidenes Wohnen und unsere einfache, süddeutsche Küche mit uns teilen! Waren wir einander nicht zu fremd nach Lebensart und Gewohnheit?
Vor allem mein Vater hatte viele innere Widerstände zu überwinden. Aber er war ein frommer Mann und gab sich Mühe, das Unvermeidliche in der rechten Weise anzunehmen.
Und siehe da – aus der Not wurde eine Hilfe! Dank

der geschickten Organisation meiner Mutter fanden wir uns alle in dem engen Haus zurecht. Relenbergs waren außerordentlich feine und liebenswerte Hausgenossen, die sich mit viel Takt in unseren Arbeitsrhythmus einfügten. Die gemeinsamen Adventsabende in unserer Stube wurden zu einem gegenseitigen Gewinn. Während wir das Backen vorbereiteten, Nüsse entkernten und Hutzeln entsteinten, erzählte uns Herr Relenberg aus seinem reichen Wissen. Ich beneidete ihn manchmal, daß er immer so große, weiträumige Gedanken denken durfte, während wir Schweine fütterten und Mist auf den Acker fuhren. Manchmal las er uns auch etwas vor oder spielte auf dem Harmonium.
Auch das Weihnachtsfest feierten wir gemeinsam. Jeder spürte es jedem ab, daß man einander helfen wollte, die Wunden, die der Krieg immer wieder von neuem schlug, zu ertragen. Ich bekam Bücher, die mir weiterhalfen.
Besonders gegenwärtig ist mir der Silvesterabend 1943. Der Professor erzählte aus seinem Leben, und wie er als kleiner Junge das große 20. Jahrhundert hatte einläuten hören. Die Eltern trugen ihn auf den Balkon, damit er unter dem vielstimmigen Gewoge der Glocken das Feuerwerk sehen könne. Er habe auch noch den *Kaiser* sechsspännig durch Berlin fahren sehen.
»Ja, und nun ist noch nicht einmal die Hälfte des Jahrhunderts herum«, fuhr er fort, »aber wie sieht

Europa aus! Europa, das vor dreißig Jahren noch *die* Weltmacht war! Einem Geschichtswissenschaftler wie mir drückt das manchmal fast das Herz ab. Zum Glück weiß man auf der entlegenen Schwäbischen Alb nicht alles!«

Wir sangen dann ein Lied, das er handschriftlich bei sich hatte, und welches ein ehemaliger Bekannter von ihm, ein Dichter namens Jochen Klepper, verfaßt hatte. Dieser hatte sich, wie der Professor erzählte, genau ein Jahr zuvor mit Frau und Kind das Leben genommen, weil er, seiner jüdischen Gattin wegen, nicht mehr aus Isolierung, Unrecht und Gewalttätigkeit herausgefunden hatte.

»Der du die Zeit in Händen hast,
Herr, nimm auch dieses Jahres Last
und wandle sie in Segen . . .
Der du allein der Ewge heißt
und Anfang, Ziel und Mitte weißt
im Fluge unsrer Zeiten:
bleib du uns gnädig zugewandt
und führe uns an deiner Hand,
damit wir sicher schreiten!«

Dann gedachten wir noch des Sohnes Wolfgang, der an der Westfront war, überhaupt aller Soldaten in Ost und West bei Freund und Feind, denn Relenbergs hatten liebe Bekannte sowohl in England als auch in Frankreich und Rußland. Um zwölf Uhr gaben wir einander ernst die Hand, denn jeder wußte, daß es ein schweres Jahr werden würde.

Anfang März 1944, ehe bei uns die Außenarbeiten begannen, fanden Relenbergs wieder eine Notwohnung in Berlin. Schweren Herzens nahmen sie Abschied, denn es graute ihnen vor den Bombennächten und vor der Mühsal ihres Alltags. Wir blieben in brieflicher Verbindung, bis zu Beginn des Jahres 1945 das herannahende Kriegsende keine Nachricht mehr ermöglichte.

Oft dachte ich in jenen letzten Kriegstagen, als auch bei uns alles drunter und drüber ging, nach Berlin hinauf. Würden dort die Russen Einzug halten? Bei uns besetzten die Franzosen Dörfer und Städte. Jeder, der ein wenig Land und eine Kuh im Stall hatte, durfte sich glücklich preisen, denn nun setzte eine große Nahrungsmittelnot ein. Wir bekamen mehr als einmal zu spüren, daß wir den Krieg verloren hatten. Wir hatten gehofft, vom Druck des Dritten Reiches befreit zu werden, aber der neue Druck, der nun folgte, war nicht weniger schwierig zu ertragen.

Doch dann kam ein unvergeßlicher, schöner Junitag. Es war ein warmer, goldener Sommerabend, die Schwalben flogen in der Höhe. Ich war lange auf der Wiese beim Heuen gewesen und nahm nun rasch meinen Melkeimer vom Regal. Als ich über den Hof in den Stall eilte, liefen mir gerade zwei junge heimkehrende Soldaten in den Weg. Ich hatte nur meine große Stallschürze um und wollte rasch vorüberhuschen. Aber dann blieb ich doch vor den Soldaten in ihren abgerissenen Uniformen stehen. Mir war, als kenne ich den älteren der beiden.

»Sind Sie Wolfgang Relenberg?« fragte ich ihn. »Sie sehen Ihrem Vater ähnlich – und Ihrer Mutter auch!« »Und Sie sind das Hannele«, lachte der Soldat zurück. »Meine Mutter hat mir ein Foto von Ihrem Haus ins Feld geschickt. Da stehen Sie genau so braungebrannt und strahlend unter der Haustür – bloß trugen Sie damals noch zwei lange Zöpfe!«

Im Laufe des Gespräches stellte sich heraus, daß die beiden Freunde soeben aus amerikanischer Gefangenschaft entlassen worden waren. Die Amerikaner entließen aber im allgemeinen ihre Westberliner nicht, weil diese durch die sowjetische Zone in ihre Heimat mußten und dort oft nochmals in viel trostlosere Gefangenschaft gerieten.

»Und da wußten wir uns keinen anderen Rat, als Ihre Adresse für die Entlassung anzugeben«, erklärte Wolfgang in großer Verlegenheit. »Sie müssen verstehen – wir sehnten uns so sehr aus dem Lager heraus.« »Wir möchten Ihnen auch gar nicht zur Last fallen«, bestätigte sein Freund Hans. »Wir schlafen im Heu, und für ein Stück Brot und einen Teller Suppe arbeiten wir in Stall und Feld, was es zu tun gibt.«

Hans war keck, Wolfgang erschien uns eher schüchtern und zurückhaltend. Aber er besaß die gewinnende Natürlichkeit seines Vaters, die einem lauteren Charakter entsprang.

Meine Mutter nickte fröhlich: »Bleibt nur einstweilen, ihr beiden, bis sich die nächste Tür für euch auftut!«
Anfang September 1945 gelang es Hans, unter allerlei waghalsigen Abenteuern, bis nach Berlin vorzudringen.
Wolfgang jedoch hatte meine Mutter fest in ihr Herz geschlossen, daß sie sagte, sie lasse ihn vor dem Winter nicht mit gutem Gewissen fort. Es war auch zu gefährlich. Die Eltern Relenberg schrieben uns dankbar zurück und fügten hinzu, daß Wolfgang sich bei uns sehr wohl fühle, und daß es angesichts der großen Notlage in Berlin wohl das Beste sei, wenn er zunächst bei uns bliebe.
Ich war sehr glücklich in jenen Wochen. Es schien mir nun gar nicht mehr so langweilig in unserem einfachen Dorf und bei uns daheim. Mit Wolfgang war ein Stück der großen, weiten Welt in meinen schlichten Jungmädchenalltag gekommen. Er war kaum älter als ich, aber Krieg und Gefangenschaft hatten ihn weit über seine Jahre hinaus geprägt. Übrigens erzählte er nur wenig von seinem Kriegserleben. Ich spürte genau: das hatte er noch nicht überwunden. Er war zu jung gewesen für solch letzte schwere, unverständliche Vorgänge, für das Massensterben da draußen, für die Schreie der Verwundeten und für das Weh der Verlassenheit. Einmal sagte er: »Weißt du, Hannele, ich würde schon etwas darum geben, wenn ich wüßte, für wen und was

wir da draußen eigentlich gelitten und gekämpft haben. Sie sagen, das sei fürs Vaterland gewesen, aber ich – hab ich denn noch ein Vaterland? Ich *kann* doch gar nicht mehr nach Hause – und so wie mir geht es Hunderttausenden.«

Dann war er ganz grau im Gesicht und wirkte wie gelähmt.

Die einfache Arbeit auf unseren Feldern und Wiesen tat ihm gut. Manchmal wurde er dabei so gelöst, daß unser Lachen weithin schallte. Und jeden Morgen schlüpfte ich voll Freude aus meinem Bett, trat ans offene Fenster und sah in die Morgenfrühe hinaus: Wolfgang ist da.

Es wurde Herbst und wir brachten die Kartoffeln in den Keller. Eines Abends, es war schon Ende Oktober, kam Wolfgang hochbefriedigt von der Post: Er habe erfahren, daß die Universität Tübingen trotz der schwierigen Zeitumstände in Kürze wieder mit ihren Vorlesungen beginne. Er wolle sofort versuchen, das Studium der Philologie aufzunehmen.

Schon wenige Wochen später war er ein eifriger Student und schrieb begeistert aus der ihm rasch vertraut gewordenen württembergischen Universitätsstadt, in welcher schon sein Vater studiert hatte.

Winter und Frühling gingen ins Land. Als das Sommersemester 1946 zu Ende war, schrieben uns Wolfgangs Eltern, ob er nicht doch noch einmal die Ferien bei uns verbringen könne, die Reise nach Berlin sei immer noch äußerst mühsam, und auch die Ver-

sorgung der Stadt sei schwierig, man rede unter der Hand von einer künftigen Blockade.
So kam Wolfgang wieder zu uns. Er schien sehr erschöpft, und er war schmal geworden. Wir schoben ihm zu, was wir konnten, aber sichtbar belohnt wurden unsere Bemühungen eigentlich nicht. Gerne wäre ich mit ihm durch Felder und Wiesen gestreift, aber er war oft müde und gar nicht unternehmungslustig.
Als das Wintersemester begann, schleppte er schmunzelnd einen alten Koffer voll Briketts mit nach Tübingen. Ich sehe ihn noch deutlich vor mir, wie er darum bat, an Weihnachten wieder kommen zu dürfen, er freue sich schon auf Mutters warmes Holzfeuer im Herd.

Auch an den Heiligen Abend des Jahres 1946 erinnere ich mich. Es war ein schlimmes Weihnachtsfest mit viel Hungersnot im Lande. Meine Dote Lydia wohnte in Stuttgart und hatte mit unserer Hilfe unter mancherlei Gefahren viele Menschen unterstützt; so lag ein ganzes Stößchen mit Dankesbriefen auf unserem Weihnachtstisch.
Wolfgang war erst am Nachmittag von Tübingen gekommen, hungrig und ausgefroren. Es fiel mir auf, wie ernst und männlich er geworden war. Wenn er mich mit seinen Augen suchte, trat ein nachdenklicher Ausdruck in sein Gesicht, der mir neu war. Ich aber war voll unbeschwerter, verhaltener Glück-

seligkeit, weil er wieder bei uns war, so daß ich mir keine Gedanken darüber machte.
Am Stephanustag waren wir im Nachbarhaus zum Kaffee eingeladen. Wolfgang blieb zu Hause, er war erkältet und hustete. So machte ich mich denn unter dem Vorwand, zeitig im Stall anzufangen, etwas früher als die anderen auf den Heimweg.
Als ich die dämmrige Küche betrat, saß er am Herd und stocherte in der Glut. Es war, als hätte er mich erwartet. »Hannele, ich möchte dir etwas sagen, dir ganz allein«, sagte er leise. Sein Gesicht war hell vom Herdfeuer, aber seine Stimme wirkte verschleiert und dunkel. Mir schlug das Herz bis zum Halse hinauf; ich wußte nicht, war es Angst oder Glück. Ich setzte mich möglichst weit weg ans andere Ende des Tisches, damit er mich nicht so genau sehen könne.
»Wir sind vor Weihnachten alle pflichtgemäß geröntgt worden«, fuhr er zögernd fort, »bei mir haben sie –«, er hielt inne, und es war, als müsse er etwas hinunterschlucken, »bei mir haben sie eine Tuberkulose festgestellt. Ich muß noch vor Neujahr in die Tübinger Klinik. Eigentlich darf ich nur meine Sachen holen . . .«
Ich zog die Zeitung vom Tisch und legte sie über meine Knie, damit er nicht sehen solle, wie sie ohne meinen Willen zu zittern begannen. Ich versuchte, recht harmlos dreinzuschauen.
»Sicher ist das gar nicht so schlimm, wie es sich an-

hört«, beruhigte ich ihn. »Schließlich sind wir ja nicht mehr im Mittelalter.«
»So denke ich auch. Obwohl ich mir manchmal trotzdem so vorkomme. Und weißt du, die Gedanken kreisen eben doch immer nur um den Krankheitsbefund. Woher, wohin? Ich fühle so wenig Widerstandskraft in mir. Natürlich denke ich jetzt, der Krieg war viel schlimmer als die paar Monate Klinik. Damals dachte ich: nur daheim sterben dürfen und nicht dort draußen. Aber inzwischen – ach, Hannele, ich wollte so rasch wie möglich fertigstudieren, dann nach Berlin heim, zu den Eltern und zu Anita, etwas Tüchtiges leisten, damit wir alle miteinander wieder Boden unter die Füße kriegen. Aber nun . . .«
Er hatte das Licht des Herdfeuers im Gesicht, als er nun voll zu mir herübersah, und ich meinte, jetzt müsse ich aufstehen, um erstmals ganz nahe bei ihm zu sein, damit doch wenigstens *ein* Mensch in seiner Not bei ihm wäre – aber da hörte ich, wie die anderen ihre Schuhe vor der Haustür abklopften. Rasch ging ich in den Stall, machte Licht, damit sie denken sollten, ich sei längst an der Arbeit, und ging nebenan in den Schober, verbarg mich im Heu und weinte bitterlich.

Monat um Monat lag Wolfgang dann in der Tübinger Klinik. Sein Zustand schien wechselnd. Zu gerne hätte ich ihn besucht, aber niemand, niemand sollte ahnen, wie tief ich mich mit ihm verbunden fühlte. Ja, ich vermied es sogar, nach ihm zu fragen. Ab und zu besuchte ihn meine Mutter, was immer eine Tagesreise erforderte, vom frühen Morgen bis in die späte Nacht, denn es gab weder Autos noch Busse, und die Eisenbahn war kilometerweit entfernt.

Wolfgangs Eltern bemühten sich um einen Paß für den Interzonenzug. Denn wir waren immer noch sektorenweise besetzt. Als der Paß endlich nach einem halben Jahr alle Stellen durchlaufen hatte, war es Juni geworden.

Ich konnte es kaum erwarten, bis Relenbergs auf der Rückreise auch bei uns zu Gast waren, um uns ausführlich von Wolfgang zu berichten. Sie blieben einige Tage bei uns. Am Abend vor ihrer Rückkehr saßen wir alle vor dem Haus. Es war ein wundervoller, weicher Sommerabend und auf den Tag genau zwei Jahre seit Wolfgangs Eintritt in unser Haus.

Frau Relenberg war bedrückt. »Sein Befinden zeigt keinerlei Besserung. Er braucht Luftveränderung und eine bessere Kost!« Dann seufzte sie so schmerzlich auf, wie ich seither keinen Menschen mehr habe seufzen hören, und sagte: »Besser als alle Pflege fremder Menschen wäre in heutiger Zeit wohl eine Pflege daheim bei der Mutter. Aber es hat keinen Sinn. Wir haben in Berlin wahrhaftig nichts zu essen. Außerdem droht man uns ständig mit Blockade. Ach, wie es bei uns ist, das könnt ihr euch

im Schwabenland gar nicht vorstellen. Da *kann* ein kranker Mensch nicht gesunden . . .«
Wie wahr sie sprach, konnten wir nur ahnen.

Ende September, es war schon empfindlich kühl, kam Wolfgangs junge Schwester Anita für einige Zeit zu uns, um ihren Bruder in eine Heilstätte zu begleiten. Sie hatte, bedingt durch ihre Jugend, leichter einen Paß für den Interzonenzug bekommen.
Wir hatten inzwischen in Erfahrung gebracht, daß ein Schwarzfahrer aus unserem Dorf eine geheime Fahrt nach dem berühmten Sanatorium in Gundelsheim am Neckar, eine Stunde von Heidelberg entfernt, bewerkstelligen wolle. Er hatte sich bereit erklärt, gegen einige Lebensmittel den Wolfgang in den amerikanischen Sektor mitzunehmen.
So war er denn erstmals wieder für eine Nacht bei uns, seit jenem denkwürdigen Weihnachtsgespräch in der Küche. Ich erschrak, als ich ihn wiedersah. Und ich hatte Mühe zu verbergen, wie sehr ich um ihn litt.
Am anderen Morgen stand der Lastwagen vor unserer Tür. Wir packten unseren Patienten warm ein und setzten ihn zwischen allerlei Gepäck. »Nun wirst du Weihnachten wohl allein in Gundelsheim verbringen, Wolfgang«, rief meine Mutter zu ihm hinauf.
»Jawohl«, rief er humorvoll herab. »Mindestens bis

März muß ich schon bleiben; unter einem halben Jahr lassen die dort keinen weg. Aber im April, ehe das Semester beginnt, komme ich nochmals rasch zu euch allen. Und im Sommer wird es dann endlich, endlich gelingen, daß ich heim kann, nach Berlin. Bis dahin werden wir hoffentlich wieder normalere Zeiten haben!«

Sein erster Bericht aus Gundelsheim lautete sehr gut. Wir bedauerten, daß er nicht früher dorthin gekommen war. Der zweite Brief erzählte von der Sorgfalt der Ärzte, von den kostbaren Apparaten und von dem wundervollen Essen. Als Nachschrift fügte er wie beiläufig hinzu, daß er zur Zeit leider nicht aufzustehen vermöge. Deshalb sei er jetzt in dem hohen, über dem Neckar liegenden Deutschordensschloß untergebracht, wo sich die Zimmer für die Bettlägrigen befänden. Er freue sich täglich an der herrlichen Aussicht auf den Fluß und die gegenüberliegenden Burgen.

Der dritte Brief erreichte uns kurz vor Weihnachten.

»Nun läßt es mir keine Ruhe mehr«, sagte meine Mutter, »ich muß noch vor dem Fest nach ihm sehen. Die Neckarbrücken sind nun soweit wieder instandgesetzt, daß man auch per Bahn irgendwann mal dort ankommt.«

Sie machte eine dreitägige Reise. So lange brauchte man damals für die Stecke, welche heute zwei Autostunden in Anspruch nimmt. Wie gerne wäre ich an ihrer Stelle gefahren! Aber ich verriet mich mit keiner Silbe.

Die Mutter kam sehr niedergeschlagen zurück. Wolfgang hatte sich zwar herzlich über ihren Besuch gefreut, war aber doch recht elend gewesen. Beim Abschied hatte er sogar Tränen in den Augen gehabt, was man sich bei seinem ausgeglichenen Wesen kaum vorstellen konnte. Dennoch hielt er eine Genesung für selbstverständlich und meinte, alles käme von der Umstellung. Seit kurzem leide er auch unter heftigem Heimweh, er käme sich vollkommen entwurzelt vor. Aber vielleicht entstünde diese Gemütsschwäche, so hatte er lächelnd gemeint, auch bloß durch die Nähe des Weihnachtsfestes.

Sehr still und in sich gekehrt ging meine Mutter einige Tage ihrer Arbeit nach, dann berichtete sie ihre Eindrücke zwar schonend, aber wahrheitsgetreu nach Berlin.

Nun setzte der Professor alle Hebel in Bewegung, um rasch einen Paß zu bekommen. Kurz nach Neujahr besuchte er seinen Sohn und kam anschließend auch zu uns. Am Abend überraschte er uns mit der Frage: »Was meinen Sie wohl dazu, wenn wir Wolfgang nun doch, allen Widerständen zum Trotz, nach Berlin holen würden? Er braucht jetzt seine Eltern.«

Meiner Mutter, die gerade das Kaffeegeschirr in die Anrichte räumte, entfiel eine Tasse. Sie wandte sich

ab. Glaubte sie nicht mehr an die Möglichkeit einer Heimreise?
»Nun, wie stellt sich Wolfgang dazu?« wollte mein Vater wissen.
»Er hat gemeint, ich solle ihn gleich mitnehmen! Ich kann das gar nicht vergessen . . .«
»Dann sollten Sie keine Zeit mehr verlieren«, mischte sich meine Mutter ins Gespräch. »Reichen Sie für sich selbst eine Aufenthaltsgenehmigung ein, nehmen Sie ihn mit. Irgendwie werden sich schon Mittel und Wege finden.«
Herr Relenberg seufzte schmerzlich: »Glauben Sie, ich werde meinem Jungen in dieser Jahreszeit eine Eisenbahnreise zumuten?! Das geht tagelang, ich habe es ja mitgemacht. Nein, ich halte es für zu riskant. Die Amerikaner befördern die Kranken mit dem Flugzeug, ich weiß es aus zuverlässiger Quelle. Ich werde alles in die Wege leiten. Bis dahin wird dann auch der Winter vorüber sein, und Wolfgang hat sich etwas gekräftigt.«
Ich preßte die Lippen zusammen. Aber dann entschlüpfte es mir doch: »Wer Heimweh hat, den kann die Heimat eher heilen als jede Medizin.«
Erschrocken blickte der Professor zu mir herüber. Dann nickte er schwer: »Ja, Hannele, Sie könnten recht haben! Wir dürfen die Reise nicht mehr um Wochen oder gar Monate verschieben. Ich will sehen, was sich tun läßt.«
Schon nach wenigen Tagen erhielten wir die Nach-

richt, Vater und Tochter wollten sich gemeinsam bemühen, die Heimreise zu ermöglichen. Die Bahn könne allerdings keinen Schlafwagen mehr nach Berlin schicken, es käme keiner mehr zurück. Sobald sich aber eine brauchbare Möglichkeit zeige, werde man den Sohn nach Hause holen.
Die Feiertage waren vorüber, aber die Arbeit ruhte noch. Dennoch trieb mich die Sorge um Wolfgang in eine nach außen kaum mehr zu meisternde innere Unruhe hinein.

In der Nacht zum 14. Januar 1948 gegen drei Uhr morgens erwachte ich plötzlich aus einem schweren Traum. Wolfgang hatte in großem Schmerz von seinem Bett aus gerufen: »Bringt mich heim!«
Es war stockdunkel und ich knipste das Lämpchen an, um mich von dem Alptraum zu befreien. Aber nun erschienen die drei Worte erst recht wie ein Befehl: »Bring Wolfgang heim!«
Ich richtete mich auf. »Was sollen die Hirngespinste! Es ist eine Sinnestäuschung. Es ist meine Angst. Und es ist meine Sehnsucht, ihn wiederzusehen.«
Aber die Nachtgespenster ließen sich nicht vertreiben: »Ich kann nicht, ich will nicht. Ich bin noch nie gereist. Ich bin unerfahren und ungebildet. Wie soll ich es verantworten, wenn er eine solche Reise nicht übersteht? Mein Leben lang würde ich an solcher Last tragen.

Oder – oder ist diese innere Stimme ein Befehl, dem man gehorchen muß? Aber Wolfgang ist doch überall in Gottes Hand! Und warum sollte Gott sich über den törichten Wunsch eines einzelnen Menschen erbarmen? In den letzten Jahren sind Hunderttausende entsetzlich umgekommen, in Auschwitz, oder in Stalingrad, und niemand hat sich ihrer erbarmt.

Aber geschah am Ende all dies Entsetzliche nur deshalb, weil von Anfang an eine Kette von Menschen nicht auf die feine, leise, innere Stimme gehört hatte? Weil die einzelnen, so wie ich jetzt, diese unbequeme Stimme nicht hören *wollten?*«

Ich wurde immer verwirrter.

Schließlich, als ich gar keine Ruhe mehr fand, lief ich barfuß in das Schlafzimmer meiner Eltern und erklärte ihnen, ich hätte das sichere Gefühl, daß ich Wolfgang nach Berlin bringen müsse, und zwar sofort. Wenn ich mich beeilte, so hatte ich es mir ausgerechnet, so könne ich noch den Siebenuhrzug in Neuffen drunten erreichen.

Ich hatte heimlich gehofft, daß mein nüchterner Vater mich lächelnd beruhige und mir das Hirngespinst ausrede. Aber er blieb vollkommen ruhig, schweigsam und gesammelt. Schließlich sagte er: »Solch innerer Stimme sollte man nicht zuwiderhandeln. Ich halte es auch für das Beste, wenn du gleich gehst. Vielleicht ist es eine göttliche Anrede; man darf sie nicht verraten. Und jetzt, im Januar, können wir deine Arbeit im Stall und auch sonst schon eine Zeitlang mit übernehmen. Wir helfen dir, damit du rechtzeitig fortkommst.«

Mutter stand rasch auf, wir packten das Nötigste zusammen. Besonders schwer durfte das Gepäck auf dem sieben Kilometer langen Weg zum Bahnhof Neuffen nicht sein. Wie gesagt, unser Ländchen war damals noch französisch besetzt, der Bahnhof Neuffen aber bereits »amerikanisch«. Wenn man keinen Paß hatte, mußte man »schwarz« über die Grenze. Das gelang auf dem ruhigen Bahnhof Neuffen erfahrungsgemäß leicht. Da wir keine Lebensmittelmarken für den amerikanischen Sektor besaßen, nahm ich einen ganzen Laib Brot und ein halbes Pfund selbstgemachter Butter mit, damals etwas unvorstellbar Kostbares. Meine sonst etwas herbe Mutter strich mir beim Abschied liebevoll übers Haar und sagte: »Sei ihm eine gute Schwester, Hannele!«

Die Nacht war pechschwarz, als ich durch das schlafende Dorf tappte. Nirgends ein Licht. Draußen auf der breiten, freien Straße kam ich besser voran. Nachdenken konnte ich nicht, ich war vollauf damit beschäftigt, den Weg zu finden.

Als ich jedoch in den Wald eintrat, überfiel mich die nackte Angst. Alle Schreckensgeschichten der ersten Besatzungszeit fielen mir wieder ein. Buchstäblich fand ich nicht die alte Steige hinunter. Ich hatte bisher nicht gewußt, daß es solch dunkle

Nächte gibt. Sollte ich nicht doch lieber wieder umkehren? Aber ich hätte wohl auch nicht zurückgefunden. Ach, in was hatte ich mich da eingelassen! Ich war ratlos, verzweifelt. Doch seltsam, plötzlich kam mir ungerufen ein Wort in den Sinn, ganz klar und deutlich: »Er wird seinen Engeln über dir Befehl tun, daß sie dich auf den Händen tragen und du deinen Fuß nicht an einen Stein stoßest.«

Da wurde ich ganz ruhig und getrost und wußte, daß ich tapferen Herzens weitergehen sollte, Schritt für Schritt. So kam ich schließlich über die schlimme Strecke hinweg. Bald lag der Wald hinter mir. An der Stelle, bei welcher es »schwarz« hintenherum ging, begegnete mir ein älterer Mann, der mir Mut zusprach und sagte, ich könne ruhig den ordentlichen Weg vorneherum nehmen, um diese frühe Zeit sei kein Mensch da.

Das Wachpostenhaus war erleuchtet, es ließ sich jedoch niemand hören. Ich gelangte glatt vorbei.

Als ich dann auf dem Bahnhof Neuffen meine Fahrkarte nach Gundelsheim gelöst hatte, spürte ich erst, wie mein Herz schlug. Ich wollte mir die Haare ordnen, aber ich brachte meine verkrampften Arme zunächst gar nicht in die Höhe.

In dem dunklen, zugigen Eisenbahnabteil fand ich sogar einen Eckplatz. Das war gut so, denn weil ich ehrlich sein will, muß ich sagen, daß ich nicht weiß, warum ich auf der Fahrt bis Nürtingen so restlos durcheinander war. Ich wurde derart verzagt, daß

ich mich selbst nicht mehr verstand. Was war aus dem Hannele geworden, von dem die Leute sagten, es leuchte wie der Sonnenschein! Die Tränen liefen mir übers Gesicht, ich konnte ihnen keinen Einhalt gebieten. Das Weinen erleichterte mich aber mit der Zeit doch etwas. Als wir auf dem Stuttgarter Hauptbahnhof einliefen, beschloß ich, die Stunden zu nehmen, wie sie kamen und mich der kommenden Dinge zu freuen.
Bei der Ankunft bot sich mir ein unbekanntes Bild: Ich hatte die Stuttgarter Bahnhofshalle noch nie zerstört und ohne Dach gesehen. Dabei regnete es in Strömen. So drängte ich mich denn mit vielen anderen unter ein Notdach, bis der Heilbronner Zug einlief. Wieder erhielt ich einen Fensterplatz und wurde nun fast ein wenig vergnügt, denn die Gegend war mir neu. Ich hatte den berühmten Neckar, Schwabens Fluß, mit seinen Weinbergen und Uferstädtchen noch nie so schön aus der Nähe gesehen. Er führte in diesen Tagen Hochwasser.
Inzwischen war ich schrecklich hungrig geworden. Aber ich wagte nicht, mir ein Stück Brot aus der Tasche zu nehmen, weil viele Menschen um mich herumsaßen, die vor Hunger abgemagert waren und sicher noch härter litten als ich.
In Heilbronn hatte ich zwei Stunden Aufenthalt. Kein Wartesaal, kein Unterstand. In die Stadt konnte ich nicht, denn es regnete immer noch stark. So verzog ich mich in die Bahnhofswirtschaft, wo

ich mich inmitten der Menschenmenge doppelt einsam fühlte. Wie viele Sprachen tönten eigentlich um mich herum? Ich bestellte mir einen Becher Grützenbrühe mit Kraut, ohne Marken. Es gab nichts anderes, aber es wärmte mich wenigstens.
Und dann beschloß ich, mich nur noch auf Wolfgang zu freuen. Bald lief denn auch der Zug ein, der mich an mein Reiseziel Gundelsheim brachte. Trotz des Regens fand ich die Landschaft ungemein reizvoll, vor allem das unzerstörte Bergstädtchen Bad Wimpfen jenseits des Neckars. Als der Zug in Gundelsheim ankam, war es kurz nach vierzehn Uhr.
Zunächst sah ich mich nach einem Gasthof um. Nicht weit vom Bahngelände fand ich den »Löwen«. Die Wirtschaft schien leer. Ein zierliches Fräulein trug mich in ihre Liste für Übernachtungen ein und wies mir den Weg in die Lungenheilstätte auf Schloß Horneck.
Der Weg dorthin ist gepflastert, hüben und drüben von Häusern umsäumt, man hört heimlich den Hufschlag der Pferde mit ihren stolzen Deutschordensrittern. Durch einen Torbogen trat ich in die Burg, die sich wuchtig über dem Neckar erhebt. In der »Anmeldung« erhielt ich Bescheid, daß ich den Arzt gegen Abend sprechen könne.
Eine breite, herrschaftliche Treppe führte zu den Zimmern hinauf. Wie viele Füße hatte sie im Lauf der Jahrhunderte schon getragen! Adlige, stolze, arme, kranke und helfende Füße! Und jetzt die mei-

nigen, die nun so bange, sehnsüchtige Schritte taten!

Wolfgang lag im zweiten Stock. Leise trat ich ein. Da lag er schlafend.

Vorsichtig stellte ich mein Gepäck ab und verließ schweigend das Zimmer wieder, nachdem ich seinem Zimmergenossen ein Zeichen gegeben hatte. Wie blaß und ruhebedürftig sah er aus!

Im unteren Aufenthaltsraum setzte ich mich in einen bequemen Sessel, schloß die Augen und versuchte, für einen Augenblick wenigstens, alles zu vergessen. Aber die unruhigen Gedanken ließen sich nicht vertreiben.

Nach einer endlos langen Stunde schlich ich mich nochmals in sein Zimmer, denn ich konnte das Wiedersehen kaum mehr erwarten.

Er schlief noch immer. Ich blieb an seinem Bett sitzen, bis er erwachte. Aber wie erschrak ich über seine Schwäche! »Hannele, du . . .«, flüsterte er glücklich. Dann fielen ihm wieder die Augen zu.

So schwerkrank hatte ich ihn mir nicht vorgestellt. Ich wußte nun, warum die Mutter gemahnt hatte: Sei ihm eine gute Schwester, Hannele! Er war schon ein wenig entfernt von den Dingen und Vorgängen dieser unserer Welt. In mir begann eine harte Arbeit des Herzens, denn ich war jung und bereit für das volle, ganze Leben mit seinen Aufgaben, seinem Glück und seiner Last. Und nun blieb so wenig Zeit, sich an die neuen Gegebenheiten zu gewöhnen.

Der Chefarzt trat ein. Er nahm mich sofort mit hinaus auf den Flur und bat mich in eine der Fensternischen.
Seine erste Frage ließ mich vor Verlegenheit erröten: »In welcher verwandtschaftlichen Beziehung stehen Sie zu Herrn Relenberg?«
Ich schwieg. Aber dann nahm ich allen Mut zusammen und sagte mit fester Stimme: »Ich bin seine Verlobte. Ich bin gekommen, um Wolfgang nach Berlin zu bringen, zu seinen Eltern und in seine Heimat. Er sehnt sich, wie Sie wissen, brennend nach Hause. Darf ich Sie um ein Reiseattest bitten, für ihn und mich?«
Der Arzt blickte mich lange und teilnahmsvoll an. Ich war ihm dankbar dafür. Dann sprach er ausführlich und überzeugend. Alle seine Worte sagten immer nur dasselbe:
»Ihr Vorhaben ist im Augenblick undurchführbar. In frühestens vier Wochen können wir – vielleicht – an eine Heimreise denken. Und das auch nur mit dem Flugzeug.«
»Wirklich, Herr Doktor?«
Woher nahm ich nur den Mut? »Sind Sie tatsächlich der Überzeugung, daß Wolfgang Relenberg es in vier Wochen leichter schafft? Nun, wollen Sie ihn dann nicht gleich fahren lassen?«
Erstaunt blickte der Arzt auf. Dann atmete er schwer. »Natürlich, wenn es ginge! Aber ich kann es nicht verantworten.«

»Ich übernehme die Verantwortung. Ich bitte Sie nochmals herzlich um das Attest. Das Heimweh verzehrt ihn schneller als die Krankheit. Wir müssen alles versuchen und alles riskieren.«
Es war mir, als höre ich mir selbst verwundert zu. Sehr ernst blickte der Arzt durchs Fenster und legte die Hände auf dem Rücken zusammen. »Heute früh ist Herr Relenberg in Ohnmacht gefallen. Er hatte eine schlechte Nacht, und, es ist wahr – er drängte mit großer Entschiedenheit auf seine Heimfahrt. Ich gebe zu, sein Zustand kann sich bessern, er ist sowieso unberechenbar.«
Wieder schwieg er lange, wandte sich ab und schien seine viele Arbeit völlig zu vergessen. Ein paarmal seufzte er tief auf. »Selig sind, die da Heimweh haben«, sagte er leise, »denn sie sollen nach Hause kommen.«
Dann gab er mir entschlossen die Hand zum Abschied: »Gehen Sie doch nachher um halb sieben Uhr zu meiner Sekretärin. Dort können Sie sich das Attest holen. Das Geschäftszimmer liegt im linken Flügel.«
Nach ein paar Schritten wandte er sich noch einmal voller Ernst einen Augenblick um, und ich spürte die inneren Lasten, die ein rechter Arzt zu tragen hat.
Ich lief zu Wolfgang zurück und versuchte, ihm schonend von meinem Plan zu berichten. Er konnte nur mühsam sprechen und vermochte die Augen

kaum offen zu halten vor Schwäche. Die Minuten und Stunden schlichen dahin, ohne daß wir uns miteinander unterhalten konnten. Schließlich wurde es Zeit, die Sekretärin aufzusuchen, die mir bereitwillig mit großer Freundlichkeit das Attest ausstellte. Als ich durch die Flügel und Flure wieder ins Krankenzimmer zurückgefunden hatte, wurde Wolfgang gerade zum Nachtessen aufgerichtet. Es war ein wunderbares Essen. Aber welch ein Bild des Jammers! Bis er sich zum Essen anschickte, hatte der Zimmergenosse seine Portion schon verschlungen. Ich sprach ihm gut zu, aber ohne Erfolg. Schließlich fütterte ich ihn, was er mit schwachem Lächeln dankbar annahm. Danach aber fühlte er sich kräftig genug, um mit mir über meine Reisepläne zu reden. Er schien sich innig zu freuen. Wir beschlossen, daß ich gleich am folgenden Morgen mit dem ärztlichen Attest auf die Rotkreuzstelle nach Heilbronn gehen solle. Dort werde man weitersehen. Mit vielen guten Wünschen entließen mich die beiden Kranken. Langsam stieg ich die dunkle Burggasse hinunter. Es war Nacht, ich war fremd, müde und traurig. Im »Löwen« durfte ich mich an den Tisch für die Hausgäste setzen. Die Wirtin gesellte sich zu mir und hatte schneller, als mir lieb war, alles aus mir herausgefragt. Bald ließ ich mir mein Zimmer zeigen, das sehr hübsch war. Ich hatte noch nie in einem Gastbett geschlafen. Wollte mich Heimweh beschleichen? Darüber muß ich dann doch einge-

schlummert sein, denn ich erwachte erst wieder an einem sonderbaren, rasselnden Geräusch, das, wie mich dünkte, mitten durchs Zimmer raste. Es war aber nur, wie ich bald feststellte, ein durchfahrender Güterzug.
Mit dem Schlafen war es aber nun vorbei. Die rastlosen, sorgenden Gedanken schweiften umher wie gefangene Vögel. Die Nacht war wiederum so finster, sie verdunkelte auch meine Seele. Ich zergrübelte mir den Kopf, denn es war mir klar geworden, daß Wolfgang viel zu schwach war für eine solche Reise. Es ist gar nicht so leicht, die Sorgen fahren zu lassen und ganz schlicht seinem Auftrag zu vertrauen. Ich erlebte es in dieser Nacht zum ersten Mal.
Endlich, endlich lichtete sich der Himmel. Unten in der Wirtschaft erhielt ich schwarzen Malzkaffee ohne Milch und Zucker. Es gab nichts ohne Lebensmittelmarken, und ich konnte mir im amerikanischen Sektor keine beschaffen. Ich strich mir heimlich ein Butterbrot und suchte dann zeitig den Zug nach Heilbronn auf. Die Fahrt war nicht weit, aber wiederum sehr reizvoll. Die Silhouette von Bad Wimpfen im verhaltenen Morgenlicht war unsagbar schön.
Vom Heilbronner Hauptbahnhof ging ich sogleich in die Stadt und gelangte zur Neckarbrücke. Entsetzen überfiel mich beim Anblick der zerstörten Stadt. Ich hatte bisher nicht gewußt, daß auf dieser

Erde so Grauenhaftes geschehen war. Ich lehnte mich an das Brückengeländer. Wenn ich die Augen schloß, sah ich unser liebliches Albdorf vor mir, unversehrt, mit Wiesen und Wäldern und heimeligen Häusern. Und wenn ich sie öffnete, sah ich nichts als mich wie Totenschädel angrinsende Ruinen.

Mein Vater hatte mich gelehrt, daß unser aller Schicksal in einer gütigen Hand geborgen sei, der man sich getrost anvertrauen dürfe. In unserem behüteten Dorf und in meinem kleinen Alltag mit Pflanzen und Tieren war dieser Glaube nicht schwer gewesen. Aber nun, am Bett des geliebten, kranken Menschen und im Wissen um die Tausende, die hier in diesen Ruinen innerhalb weniger Minuten umgekommen waren, von feindlichen Händen unbarmherzig zusammengebombt . . .

Der Himmel war verhangen, kalt blies der Wind über die Brücke und wehte mein ganzes bisheriges Leben und Sein mit sich fort.

Was sollte ich noch glauben, was noch hoffen, woran konnte ich mich halten? Wo sollte man überhaupt in dem allem noch irgendeinen Sinn, eine Linie und einen Zusammenhang finden?

Ich lief weiter, an der ausgebrannten Kilianskirche vorüber, durch viele Straßen, in denen es nur noch Trümmer gab, bis ich endlich die Rotkreuzstelle gefunden hatte. Dort wurde ich an einen Herrn Sonnenwald gewiesen, der mich freundlich und aufmerksam anhörte, um dann bereitwillig mit mir zu

den Amerikanern aufs Passierscheinamt zu gehen. »Das Attest des Kranken geht in Ordnung«, sagte der Beamte. »Wir müssen eben die Formulare ein wenig frisieren, das muß man halt heutzutage. Und nun – Ihr Passierschein aus der französischen Zone, mein Fräulein?«
»Ich habe keinen. Ich bin schwarz über die Grenze.«
»Soso? Dann sind Sie aber kühn, wenn Sie ohne Passierschein von uns einen Interzonenpaß haben wollen.«
»Dann werde ich wohl zurückfahren müssen? Ich weiß aber selbst nicht, wie ich zu einem ordnungsgemäßen Passierschein kommen kann.«
Lächelnd blickten die beiden Männer einander an. »Das bringt leider auch gar nichts. Die beiden Interzonenpässe müssen aufeinander abgestimmt sein, sonst können Sie nicht miteinander reisen. Man müßte das Bürgermeisteramt in Gundelsheim überstimmen, daß es Ihnen bescheinigt, in Gundelsheim wohnhaft zu sein.«
Ich wurde rot. »Was heißt überstimmen? Heißt das: bestechen? Das kann ich nicht.«
Wieder lächelten die beiden Herren sehr gütig. »Versuchen Sie trotzdem Ihr Glück! Sie tun es ja nicht für sich. In dieser verworrenen Zeit steht ohnedies jeder von uns mit einem Fuß im Gefängnis. Aber manchmal gelten Gesetze, die wichtiger und richtiger sind als alle Bürokratie und Juristerei. Wir wünschen Ihnen von Herzen, daß Sie Erfolg haben.

Kommen Sie morgen wieder mit Ihrer Ortsbescheinigung hierher.«
Merkwürdige Welt! Mit dem Zug des Vortages fuhr ich das liebliche Neckartal wieder abwärts nach Gundelsheim zurück. So rasch mich meine Füße trugen, eilte ich zu Wolfgang. Ach, er hatte keinen guten Tag gehabt. Ich mußte lange warten, bis er mich anzuhören vermochte.
Als ich dann schließlich den Burgberg zum Bürgermeisteramt hinabstieg, dachte ich verzweifelt: »Wozu das alles? Wolfgang *kann* doch überhaupt nicht reisen!« Es war wie ein böser Traum.
Vor der Rathaustür baumelte ein Plakat: »Donnerstags geschlossen.« Ich rüttelte dennoch heftig und war dabei recht ausdauernd. Vergeblich! Mutlos kehrte ich um.
Das junge Mädchen an der Pforte zum Schloß sah mich vorübergehen und grüßte mich so herzlich, daß ich den Mut fand, ihr meine Lage zu schildern. Ich hatte keinen Menschen und brauchte so dringend jemand, der teilnahm an meinen Sorgen.
»Warten Sie mal einen Augenblick«, sagte das Mädchen, als ich ausgeredet hatte, drehte an der Wählscheibe ihres Telefons und erklärte nach kurzer Zeit: »Gehen Sie nochmals aufs Rathaus. Jetzt haben Sie bestimmt mehr Erfolg!«
Nach kurzem Rütteln öffnete sich diesmal die Tür wie von selbst. Ich wurde von einem freundlichen Beamten in die Schreibstube geführt. »Sie kommen

von der Heilstätte?« Er nahm meine Papiere, schrieb einiges darauf, stempelte sie und reichte sie mir dann zurück.
»Jetzt kommt die Bestechung«, dachte ich.
»Was bin ich schuldig?« Ich dachte an mein Stück Butter.
»Schuldig?« erwiderte der Beamte verwundert. »Wir tun das doch gerne für Sie. Außerdem wohnen Sie ja zur Zeit tatsächlich in Gundelsheim.«
Ich sah ihn prüfend von der Seite an. Er wollte wirklich nichts, er dachte gar nicht daran. Er geleitete mich sogar noch zur Haustür hinaus. Auf meinem Schein stand nun, daß ich in der Heilbronner Straße Nr. 40 wohne und entnazifiziert sei.
Am nächsten Morgen saß ich rechtzeitig in Herrn Sonnenwalds Rotkreuzbüro in Heilbronn; dieser erledigte bereitwillig alle Formalitäten für mich. Triumphierend kam er schon nach kurzer Zeit vom Passierscheinamt zurück.
»Es geschehen noch Zeichen und Wunder, sogar in dieser trüben Zeit! Ihr Antrag ist genehmigt! Ihr erster Reisetag ist bereits der nächste Dienstag. Was haben wir heute? Freitag! Dann holen Sie doch bitte am nächsten Montag Ihre Pässe auf dem Passierscheinamt drüben. So etwas von fixer Bedienung ist mir seit Kriegsende noch nicht vorgekommen. Sie müssen einen besonderen Schutzengel haben. Und nun – fahren Sie mit dem allernächsten Zug nach Stuttgart. In einer guten Stunde sind Sie dort. Ge-

hen Sie auf die Rotkreuzstelle in der Neckarstraße. Ich werde telefonisch Bescheid sagen, denn Sie brauchen ein Auto, das den Kranken von Gundelsheim nach Stuttgart auf den Hauptbahnhof bringt. Dort steigen Sie in den Alpen-Nordsee-Expreß. Auch einen Sanitäter brauchen wir, denn das schaffen Sie nicht allein. Leben Sie wohl – bis Montag.«

Fast übermütig vor Glück lief ich über die Neckarbrücke, auf der ich am Vortag so ohne Hoffnung gestanden hatte. In wenigen Tagen sollte die Reise beginnen. Ich ging zum Bahnhof und telegrafierte geradewegs nach Berlin.
Zwar hatte ich noch nie ein Telegramm verfaßt, auch war der Bleistift schlecht, aber mein Selbstvertrauen war mächtig gewachsen und ich war voll Zuversicht.
Freilich, wenn ich mir eingebildet hatte, in Stuttgart wickle sich mein Reiseplan vollends mühelos ab, so wurde ich auf der dortigen Rotkreuzstelle darüber belehrt, daß die Schwierigkeiten erst anfingen und bald unüberwindlich schienen. Ich wurde von Zimmer zu Zimmer geschickt, angenommen, abgewiesen und weitergereicht. Die Reise wurde für undurchführbar erklärt, da nirgends die Möglichkeit eines Schlafwagentransportes gegeben sei. Am schwierigsten schien es, von Hannover aus, wohin uns der Alpen-Nordsee-Expreß bringen sollte, eine Zulassungskarte für Berlin zu bekommen. Telefon-

gespräche gingen hin und her, die Beamten waren ehrlich bemüht, aber ohne Erfolg.

Schließlich war Dienstschluß. »Kommen Sie morgen früh wieder«, lautete die letzte Auskunft. »Wir arbeiten auch samstags.« Bedrückt trat ich hinaus auf den ausgebombten, fensterlosen Flur. Was erhoffte ich eigentlich noch? Ich suchte nach einer Tür ins Freie.

Im Treppenhaus bemerkte ich einen älteren Herrn, an dessen tieftraurigem Gesicht mein Blick hängen blieb. Auch ich mochte ihm aufgefallen sein, denn er erwachte aus seinen Gedanken, trat auf mich zu und fragte: »Haben Sie Ihre Sache erreicht? Sie wollten doch einen Schwerkranken nach Berlin bringen, nicht wahr? Ich hörte vorhin ein Telefongespräch mit an, Sie standen daneben.«

Niedergeschlagen erzählte ich ihm von meinen Schwierigkeiten, einen Schlafwagenplatz zu bekommen. Er hörte bewegt zu. Dann sagte er nach langer Pause, zögernd, so als wundere er sich über sich selbst: »Ich kann Ihnen die Zulassung für einen ausgesprochenen Krankenwagen beschaffen. Jeden Dienstag führt der Alpen-Nordsee-Expreß einen solchen mit. Bis Hannover können Sie auf jeden Fall mitfahren. Auf den Ämtern hier wissen sie das meist nicht so genau. Und eigentlich muß man so ein Bett ja auch mindestens drei Wochen vorbestellen. Ich hatte eines für meine Frau reserviert, das ist jetzt frei. Sie braucht es nicht mehr.«

Er wandte sich ab, als müsse er einen großen Schmerz verbergen.
»Ich bringe Sie noch auf Zimmer 23«, fuhr er dann fort. »Aber dann muß ich nach Hause.«
Auf der Treppe hielt er inne und holte mühsam Luft. »Beten Sie für mich, ich habe morgen den härtesten Gang meines Lebens zu tun, ich muß meine Frau beerdigen. Am kommenden Dienstag wollte ich sie mit dem Expreß in ein Sanatorium bringen. Aber nun soll Ihr Patient das Bett bekommen. Hier ist Zimmer 23. Die Sekretärin kennt mich gut, sagen Sie Bescheid. Es wird mir jetzt zu schwer, selbst mit ihr über alles zu sprechen. Behüt Sie Gott!«
»Und Sie auch. Ich werde sehr an Sie denken.«
Müde und schwerfällig stieg er die Treppe hinunter. Ich sah ihm nach, bis er hinter der Tür verschwunden war. Wer tröstete den gebrochenen Mann? Mir war, als trüge ich sein Schicksal nun als das meinige.
»Gerne bekommt Ihr Patient den Platz der Dame«, entschied die liebenswürdige Sekretärin in Zimmer 23. »Der Anlaß ist schmerzlich, aber für Sie ist es eine ausgesprochene Fügung. Was für eine Krankheit hat übrigens Ihr Patient? Ich muß es notieren.«
Ich zögerte. »Tuberkulose.«
Das Fräulein hielt erschrocken inne. »Eine ansteckende Krankheit also . . .«
Nachdenklich zog sie sich in eine Fensternische zurück, die noch hell war vom Licht der untergehenden Sonne. Ach, warum hatte ich es gesagt! Hätte

ich doch gelogen! Muß man das nicht einfach manchmal? Ich kannte mich allzu wenig aus auf der Welt mit ihrem Daseinskampf. Langsam wandte sich die junge Dame aus dem Abendlicht des Fensters wieder mir zu.
»Ich meine, wir befördern ihn trotzdem.«
Ihre Stimme klang verändert, sicher und klar. »Er leidet schon genug. Die Betten werden nachher alle desinfiziert. Wir hatten schon einmal einen ähnlichen Fall. Damals sagte der Arzt, das sei gar nicht schlimm, und man könnte es guten Gewissens tun. Jawohl, ich verantworte es. Eine Verweigerung würde ich viel schwerer verantworten. Und wegen der Weiterbeförderung in Hannover findet sich auch ein Weg. Kommen Sie doch morgen früh nochmals hierher. Seien Sie zuversichtlich, ich spüre es: Ihre Reise wird Ihnen gelingen!«
Die Worte der jungen Sekretärin kamen mir wie eine Verheißung vor. Ich wurde wieder ganz getrost. In meiner Dankbarkeit bot ich ihr mein übriges Reisebrot an. Sie strahlte.
»Das werde ich meiner Mutter bringen. Sie weiß gar nicht mehr, wie richtiges Brot aussieht und wie Butter schmeckt!«

Es war nun fast dunkel, als ich auf die Neckarstraße trat. Ich beschloß, bei meiner Dote Lydia in Stuttgart zu übernachten. Ich freute mich auf ein warmes Essen, auf eine gemütliche Stube und auf ein

gutes Wort. Außerdem brauchte ich dringend mehr Geld und »amerikanische« Lebensmittelmarken.
Der Verkehr auf den Straßen stieg aber um diese Tageszeit so stark an, daß ich eine Straßenbahn um die andere wegfahren lassen mußte, weil sie alle überfüllt waren. Ich fühlte mich wieder einmal so recht als Landkind, das nicht gewöhnt war, seine Ellbogen energisch zu gebrauchen. Beim fünftenmal brachte ich zwar die Füße aufs Trittbrett, aber mehr auch nicht. Es war eine geradezu abenteuerliche Fahrt auf die Höhe.
Dennoch kam ich wohlbehalten bei der Tante an. Sie empfing mich mit offenen Armen und der ganzen Wärme ihres Herzens. Jetzt erst spürte ich, wie einsam ich in den letzten Tagen gewesen war.
Wir telefonierten zuerst nach Gundelsheim und dann nach Hause. Das war ein richtiges Kunststück, denn über die Zonengrenzen war nur schwer eine Verbindung herzustellen. Die Tante kam aus dem Staunen nicht heraus:
»Unser Hannele – wie kommt sie nur dazu, sich solch ein Werk zuzutrauen!«
Ich lachte befreit. »Diese Frage darf ich mir gar nicht stellen, Dote! Ich weiß es doch selbst nicht. Und ich weiß auch keine Stunde im voraus, wie es weitergeht. Aber im Grunde wissen wir das ja alle nie. Daß ich vetrauen soll – das allerdings wird mir immer wieder von neuem greifbar gemacht. Trotzdem verliere ich dieses Vertrauen immer wieder.«

»Ja, er ist ein Gott, der die Einsamen nach Hause bringt«, erwiderte die bibelkundige Tante innig.
Am nächsten Morgen hatte die fleißige Sekretärin in der Tat schon alles für mich erledigt. In wenigen Stunden war ich wieder an Wolfgangs Bett.
Er war zu erschöpft, um alles zu verstehen. Er freute und fürchtete sich zugleich. Er traute sich die Fahrt nicht recht zu, das spürte ich wohl. Beklommenen Herzens gelangte ich an diesem Abend in mein Quartier, wo mich die Wirtin wie eine eigene Tochter empfing. In meinem Zimmer stand ein frischer Primelstock. Die Tochter des Hauses hatte kurz zuvor Verlobung gehabt. Eine Fülle von Blumen stand rings an den Fenstern der Gaststube. Da wußte ich, schon jetzt sollte ich mich an den Blumen anderer freuen lernen, als seien es meine eigenen.
Der nächste Tag war ein Sonntag. Das Wetter wurde mild und sonnig. Ich wollte zum Gottesdienst und geriet erstmals im Leben in eine katholische Kirche. Ich fühlte mich aber gar nicht fremd. Wenn man so inmitten ernster Lebensfragen steht, bekommt man ein offenes Ohr für alles Wesentliche, auch wenn es sich hinter ungewohnten Formen verbirgt.
Gegen elf Uhr öffnete ich die Tür zu Wolfgangs Zimmer. Was war das? War ein Wunder geschehen? Ich faßte es nicht. Ich fand ihn erstmals im Bett sitzend, mit strahlendem Gesicht. In manchen Augenblikken sah er jetzt fast aus wie früher.
Er war völlig verändert.

»Hannele, es geht heim! Heute morgen fühle ich mich richtig wohl und leicht.«
Welch merkwürdiger Sieg des Geistes über den Körper! Wolfgangs Zimmergenosse meinte, in solch erfreulichem Zustand habe er Herrn Relenberg noch nie gesehen.
So begann ich – trotz des Sonntags – ein wenig zu packen. Wir wagten ja keine Pakete zu machen und wegzuschicken, es war nicht sicher genug. Und alle Habe war damals so kostbar, man konnte nichts kaufen. Schließlich wurden es zwei Rucksäcke und zwei schwere Koffer. Noch mehr zu tragen, war nicht möglich, denn ich mußte ja auf der Reise noch ein wenig für Wolfgang frei sein, außerdem mußte er sein Bett mitnehmen.
Am Spätnachmittag unternahm ich dann noch einen Spaziergang zu der gegenüberliegenden, gut erhaltenen Burg Guttenberg, die mir Professor Relenberg in den lebhaftesten Farben geschildert hatte. Auf dem Neckar war munterer Schiffsverkehr, das machte mir Spaß. Droben, von der Burg aus, konnte man weit ins Neckartal sehen.
Mir wurde seltsam zumute, als ich oben auf der Einfriedungsmauer stand und über das Neckartal auf das gegenüberliegende Schloß Horneck blickte, in welchem Wolfgang lag. Die beiden alten Burgen hatten die Bauernkriege, den Dreißigjährigen Krieg, die Franzosenkriege und die beiden schrecklichen Weltkriege heil überstanden, während andere,

neue Bauten in Schutt und Asche gefallen waren. Professor Relenberg hatte die Burg Guttenberg als »Wartburg Süddeutschlands« bezeichnet. Sie bewahrte eine reiche, tiefe Geschichte. Sie war bewohnt, in der Dämmerung sah man Lichter aufleuchten. »Ein feste Burg ist unser Gott . . .«, sangen die alten Mauern und Türme. »Er hilft uns frei aus aller Not!« Über die Jahrhunderte hinweg wehte dieses Wort zu mir herüber und sprach mir Mut und Zuversicht in mein kleines Leben hinein. So ging auch dieser Sonntag gut zu Ende.

Am Montagmorgen fand ich mich pünktlich auf der Heilbronner Passierscheinstelle ein. Jedoch der Paß war nicht da. »Es tut mir leid«, sagte die junge Angestellte. »Vielleicht ist er vergessen worden. Deutsche Pünktlichkeit ist nicht immer die Sache der Amerikaner. Wir können ihnen keine Zeit vorschreiben, wir sind ein besiegtes Volk und haben keine Rechte mehr. Wann wollen Sie fahren? Morgen? Ich rufe Sie in der Heilstätte an, sobald die Pässe da sind.«
»Und wenn wir sie bis heute abend nicht haben? Auto und Krankenwagen sind doch auf morgen bestellt. Außerdem das Bett im Zug.«
Sie zuckte die Achseln. »Vielleicht gelingt es Ihnen, acht Tage später zu fahren. Versprochen sind die Pässe auf alle Fälle.«
Voll Angst kletterte ich an diesem Abend den Gun-

delsheimer Burgberg hinauf. Wolfgang wurde durch seine Krankheit jetzt leicht unberechenbar. Ich drückte mich in den Fensternischen herum, weil ich immer noch auf einen Telefonanruf hoffte. Da sah ich den Arzt auf mich zukommen. Er streckte mir beide Hände entgegen.

»Ich staune, wie rasch Ihnen Ihre Reise gelingt! Herr Relenberg hat mir alles erzählt. So etwas habe ich bisher noch nicht erlebt.«

»Staunen Sie nicht zu früh, Herr Doktor! Unsere Interzonenpässe sind noch nicht da!«

Betroffen blickte mich der Arzt an. »Das würde mir leid tun. Für den Kranken wird dabei nichts gewonnen!«

Ich erschrak. »Steht es so schlimm? Er war doch so wohlauf gestern. Ist gar keine Hoffnung mehr?«

Der Arzt blickte zu Boden. »Hoffen darf man immer. Und es geschehen auch immer einmal wieder Wunder.« Er gab mir die Hand. »Dennoch habe ich augenblicklich den Eindruck, daß Herr Relenberg die Fahrt überstehen könnte.« Er lächelte. »Hoffnung und Liebe, das sind eben immer noch die besten Arzneien, die es auf der Welt gibt. Leben Sie wohl!«

Wie wertvoll war es nun, daß Wolfgang während dieser letzten spannungsvollen Wartezeit solch einen prächtigen Zimmergenossen hatte, der erst gar keine trübselige Stimmung aufkommen ließ. Ich suchte bald wieder mein kaltes Gastbett auf, aber

ich träumte die halbe Nacht vom nicht vorhandenen Interzonenpaß. Hatte ich mir nicht immer heimlich gewünscht, einmal mit Wolfgang in sein geliebtes Berlin zu reisen? Nun erfüllte sich dieser Wunsch, aber wie traurig und mühsam war alles!
Am Dienstagmorgen bezahlte ich meine Gasthofrechnung, pro Nacht zwei Mark und fünfzig Pfennig, je Kaffee 60 Pfennig. Dann machte ich mich voller Bangen auf den Weg zum Schloß. An der Pforte lag keine Meldung vor. Ich ging weiter in den Aufenthaltsraum. Viertelstunde um Viertelstunde verstrich. Auf zwölf Uhr hatte sich der Rotkreuzwagen angesagt. Nun war es halb elf Uhr. Ich konnte ohne Grund nicht länger warten, aber ich wagte Wolfgangs Zimmer nicht zu betreten.
Als schließlich eine Schwester aus der Tür trat, spähte ich hindurch. Er saß ganz zuversichtlich in seinem Bett. Da wagte ich es.
»Hast du die Pässe, Hannele?« war seine erste Frage.
Ich verneinte zaghaft.
Er lachte leise. »Ich auch nicht. So ein Reinfall! Aber soeben erhielt ich ein Telegramm. Der Fahrer vom Rotkreuzwagen bringt sie mit. Nun wird alles doch noch wahr. Ach, ich freue mich unbeschreiblich!«
Er war wieder so strahlend jung, fast wie früher, daß ich alles Elend vergaß und mich von seiner Freude anstecken ließ.

Nun waren nur noch die Rechnungen zu begleichen, sie waren nicht hoch. Die Kasse der Landesfürsorge übernahm den größten Teil.
Während Wolfgang im Bad fertig gerichtet wurde, fragte ich seinen Zimmergenossen: »Was sagen *Sie* denn zu unserer Reise?« »Was ich sage? Daß Sie gar nicht wissen, was Sie unternehmen. Es ist einfach tollkühn. Herr Relenberg ist schwer krank. Darüber dürfen Sie sich jetzt nicht hinwegtäuschen. Der Augenschein trügt.«
Der Wärter trat ein und kleidete Wolfgang vollends an. Die Schwester brachte uns vorzeitig das Essen und auch noch gleich das Abendbrot, denn es lief noch auf seine Marken. Alle die ihn kannten und erfahren hatten, daß er nach Hause fahre, schauten herein und wünschten uns eine gute Reise. Manche hatten Tränen in den Augen.
»Der Sanitätswagen ist vorgefahren«, bestellte der Wärter. »Jetzt aber bitte ganz ruhig bleiben.«
Er begleitete uns zum Fahrstuhl. Das Gepäck schleppten die Schwestern liebevoll nach. Mit großer Sorgfalt wurde der Kranke in den Wagen gebettet, ich durfte mich neben ihn setzen. Der Fahrer gab uns die Pässe und schloß die Tür. Langsam entschwand das Haus mit seinen vielen Fenstern, hinter denen so hart gelitten wurde.
In Heilbronn entstand eine Tankpause. Wolfgang benützte die Zeit, um unsere Interzonenpässe zu studieren.

»O weh«, rief er plötzlich erregt, »unsere Pässe sind falsch ausgestellt! Sie lauten über Hof in Bayern, und wir müssen doch von Hannover über Marienborn!«
»Was meinst du, Wolfgang, was die Leute in der Sowjetzone ausgerechnet von dir wollen?«
»Du kennst diese Menschen nicht, Hannele! Da weiß ja keiner mehr, vor wem er eigentlich Angst hat! Schikane in jeder Gestalt ist großgeschrieben. Wir Deutschen sind alle miteinander nur Kriegsverbrecher für die anderen. Ach, hätten wir doch diese unglückliche Reise nicht unternommen!«
Ich hatte Mühe, ihn zu beruhigen, denn ich spürte, daß die Aufregung bereits schon bei Beginn über seine Kräfte ging. Was sollte das werden?
Gegen drei Uhr nachmittags lief das Auto in der Stuttgarter Rotkreuzstelle ein. Wolfgang wurde behutsam auf ein Bett gelegt und sorgfältig betreut.
»Du mußt schnell den Paß ändern lassen, Hannele!« drängte er.
Man schickte mich in die Urbanstraße, von dort in die Mörikestraße, von dort in das Reichsbahngebäude, alles ohne Erfolg. Abgehetzt kehrte ich kurz vor der Einfahrt des Zuges zurück.
»Hat niemand eine Schreibmaschine?« rief die tatkräftige Helferin des Roten Kreuzes. »Wir tippen einfach ›Marienborn‹ hinein! Setzt euch doch mal über den ewigen Amtsschimmel hinweg, wenn es um Menschenleben geht!«

Aber niemand war dazu bereit. Inzwischen war es höchste Zeit geworden, auf den Bahnsteig zu gehen. Wolfgang wurde in einen Krankenfahrstuhl gebettet, und so fuhren wir bequem auf die Plattform. Welch eine Freude erwartete uns hier! Vater und Mutter standen da, und jetzt kam auch noch die Tante Lydia und brachte warmen Kaffee und eine Menge selbstgebackenen Kuchen! Wolfgang war richtig bewegt, wir stärkten uns, bis der Alpen-Nordsee-Expreß in die offene Halle donnerte. Der Krankenwagen lief am Schluß, so kamen wir gar nicht ins Gedränge.

Unser Patient wurde sofort in ein schönes, weißes Bett gebracht und fühlte sich recht behaglich. Ich blieb auf dem Trittbrett, um die Liebe und die guten Wünsche meiner Angehörigen bis zuletzt um mich zu haben. Meine sonst so tapfere Mutter hatte Tränen in den Augen.

»Alle, alle im Dorf denken jetzt an euch, Hannele! Behüt euch Gott!«

Geräuschlos setzte sich der Zug in Bewegung, er fuhr so sanft, daß man seine Geschwindigkeit nicht spürte. Wolfgang war zu erschöpft, um irgend etwas zu äußern. Er schlummerte bald ein.

Im Raum standen zwölf Betten, je zwei übereinander, alle blütenweiß bezogen. Gegen Abend brachte die Schwester zwei Teller Suppe, die wir beide gerne aßen. Wolfgang war sehr ruhig und hustete wenig; so bewog mich die Schwester, ins obere, noch leere

Bett zu steigen, um auch ein wenig zu schlafen. Ich fand aber keine Ruhe und kletterte bald wieder herunter, um lieber den beiden Schwestern zu helfen. Sie erzählten, daß sie in zwanzig Stunden von München nach Hamburg fahren würden.

In Frankfurt telegrafierte eine der Schwestern nochmals wegen eines Sanitäters nach Hannover.

Die Nacht vertiefte sich; das Rollen der Räder schien Wolfgang zu beruhigen. Endlich fuhren wir in einen großen Bahnhof ein, über viele Weichen und an zahllosen Lichtern vorbei. Es war Hannover. Die Schwestern machten sich zum Aussteigen fertig, und als wir hielten, schauten sie nach dem bestellten Sanitäter aus. Niemand war da. Ehe der Zug weiterfuhr, faßte die ältere Schwester energisch einen Dienstmann am Arm: »Führen Sie diese beiden auf die Rotkreuzstelle, ja?«

Wolfgang mußte zu Fuß gehen, das hatte er schon lange nicht mehr versucht. Denn ich schaffte mit dem einen freien Arm beim besten Willen nicht alles.

Der Dienstmann stützte unseren Patienten und führte uns gefällig die Treppe hinunter in einen kleinen Raum, in dem zwei Sanitäter saßen. Wolfgang ließ sich auf einen Stuhl fallen. Ich rückte ihn zum Tisch, weil ich fürchtete, er würde jeden Augenblick ohnmächtig umsinken.

Ich blickte durch die Tür in einen engen Nebenraum, in dem viele Sanitäter saßen, die sich ihren

Hunger mit Rauchen und Kartenspielen vertrieben. Wenigstens sahen sie alle miteinander so aus, als könnten sie sich schon lange nicht mehr satt essen. »Geduld, Geduld«, wurden wir immer wieder ermahnt. Endlich brachte eine Hilfe unsere Papiere samt der Fahrkarte nach Berlin, die wir von Stuttgart aus nicht hatten lösen können. Hatte niemand Anstoß an dem falsch ausgestellten Paß genommen?

Draußen wurde es heller, der Tag brach an. Schließlich wurden wir aufgefordert, nun auf den Bahnsteig zu gehen. Sah denn keiner der vielen herumlungernden Sanitäter unser Gepäck und unsere Not? Keine helfenden Hände regten sich, und ich war nicht keck genug, um mich zu wehren.

Auf der Treppe aber stieß mich eine junge Frau von hinten an: »Geben Sie mir Ihr Bett, junges Fräulein. Ich kann es tragen. Allein können Sie das nicht schaffen. Und ich kriege dann sicher auch einen besseren Platz für meinen kranken Bruder.«

»Mädchen, du mußt ganz anders drängen, sonst bekommt dein Patient keinen Platz«, rief jemand hinter mir, nachdem der Zug eingefahren war.

Ein Sanitäter schob uns in ein fast leeres Abteil. Ein niedliches etwa achtjähriges Mädelchen saß darin und rief in einem fort: »Alles besetzt! Alles besetzt!«

Wir blieben dennoch, nur – bequem war es nicht. Denn es kamen noch sehr viele Leute. Mühsam konnte ich Wolfgang mit Hilfe der Kissen ein einigermaßen brauchbares Eckchen zurechtstopfen. Ich selbst hatte die ganze Zeit zu stehen, aber das war mir gleichgültig. Ich dachte nur immerfort: »Wenn Wolfgang nur keinen Hustenanfall oder gar einen Blutsturz bekommt!«

Nun ging es dem gefürchteten Sowjetsektor zu. Alle Fahrgäste waren nervös. Etliche beschlossen kurzerhand, vorher auszusteigen. Jeder der Mitreisenden gab neue Schauergeschichten zum besten, und jemand behauptete, der Zug fahre direkt nach Sibirien.

Helmstedt – die letzte Station in der britischen Zone. Das Herz schlug mir hörbar, und ich beschloß, mich überhaupt nicht zu regen. Man konnte ja auch Wolfgang keinen Augenblick allein lassen. Er war voller Angst, und der Arzt hatte mir gesagt, man müsse immer mit allem rechnen. Das Abteil leerte sich. Ein freundlicher, deutscher Sanitäter schaute herein. Ich hatte inzwischen gelernt, an Engel zu glauben, und vertraute ihm unsere Not um den falsch ausgestellten Paß an. Nach einer halben Stunde kehrte er schmunzelnd zurück.

»Ist alles gut gegangen. Wir haben einfach ›Marienborn‹ oben drüber getippt. Es sind zwar andere Schreibmaschinentypen, aber vielleicht beanstanden die da drüben es nicht. Es gibt schon auch noch Menschen jenseits der Grenze! Nur nicht verzagen!«

»Können Engel auch rauchen?« versuchte Wolfgang zu scherzen. »Das können sie gut!« lachte der junge Mann, und so schoben wir ihm unsere letzte Notpackung Zigaretten in die Tasche. Mit tausend guten Wünschen verließ er uns.
Nun endlich wagten wir wieder miteinander zu reden und einander anzusehen. Wie sehr uns die Angst gewürgt hatte, merkten wir jetzt erst. Wir entfalteten plötzlich einen solchen Hunger, daß wir alles aufaßen, was die gute Tante Lydia uns noch in letzter Minute zugesteckt hatte.
Auch der zweistündige Aufenthalt im »russischen« Marienborn ging gnädig vorüber, obwohl wir meinten, die Zeit stehe still. Um zwei Uhr nachmittags setzte sich der Zug wahrhaftig wieder in Bewegung. Wir fuhren durch Magdeburg. Es fiel mir auf, wie topfeben und weiträumig die Gegend dort ist, ganz anders als bei uns im Schwabenland. Um die Elbe her breitete sich sumpfiges, graues Gelände.
Bei Sonnenuntergang fuhren wir durch die ersten Vororte Berlins. Es war nun ganz leer im Abteil. Ich packte unsere Sachen zusammen, aber Wolfgang lächelte still:
»Es ist noch viel Zeit!«
War es die winterliche Abendsonne, die sein schneeweißes Gesicht so verklärte? War es die übergroße Freude? Ich mußte immer wieder zu ihm hinüberschauen.
»Hannele, jetzt sind wir bald daheim, das verdanke

ich dir!« Wie ein Kind vor der Weihnachtstür war er anzuschauen. Mich aber überfiel plötzlich wieder von neuem die Angst, daß er das Glück der Heimkehr vielleicht gar nicht ertragen würde.

Lange bevor der Zug hielt, stellte ich mich ans Fenster, um nach Herrn Relenberg zu sehen. Wir hatten unsere Ankunft nochmals telegrafiert, und auch das Rote Kreuz hatte Bescheid erhalten.
Schließlich wurde es dunkel. Die Räder klapperten mir ständig den Rhythmus eines Sterbeliedes ins Ohr, den ich nicht mehr loswerden konnte, bis sie still standen:

Die Rosen sind verblüht,
Die Pilgerfahrt ist aus.
Ich bin nun bald daheim
in meines Vaters Haus . . .

Wir brauchten unendlich lange zum Aussteigen, weil wiederum keine Hilfe bereitstand. Wolfgang war nun doch zu erschöpft, um auf die Füße zu kommen. Es war Endstation, ich hatte Zeit zum Aussteigen und schaffte zunächst mein Gepäck aus dem Zug, immer in der Sorge, es möchte zum Schluß noch gestohlen werden. Meinen Patienten mußte ich jetzt praktisch tragen.
Draußen stand niemand. Der Bahnsteig war längst menschenleer. Der spärlich erleuchtete Weg zum Ausgang dünkte mich unheimlich lang und einsam.

»Jetzt kann ich wirklich nicht mehr!« hauchte Wolfgang.
In diesem Augenblick umfing uns Jubel und Leben. Herr Relenberg und Anita kamen angestürmt. Rasch barg der Vater den Sohn in seinen Armen. Weil so lange niemand gekommen war, hatten sich beide soeben enttäuscht zum Heimgehen angeschickt. Einer inneren Unruhe gehorchend, war Herr Relenberg nochmals umgekehrt, war kurz entschlossen durch die Sperre gegangen, was damals nicht erlaubt war, und hatte uns trotz der Dunkelheit sofort erblickt.
Mit einer Taxe, sie kostete den Schwarzmarktpreis von hundertfünfzig Mark, zu jener Zeit eine fast unvorstellbar hohe Summe, fuhren wir zur Putlitzstraße.
Die Wohnung lag drei Treppen hoch. Aber nun waren genug starke und liebevolle Arme der Nachbarn und Mitbewohner zur Hilfe bereit.
Oben erwartete mich etwas vom Schwersten: das Wiedersehen zwischen Mutter und Sohn. Mein unerfahrenes Herz begann erstmals tief zu ahnen, wieviel im Krieg von Müttern erlitten worden war.
Wir wurden in ein freundliches Wohnzimmer geführt, der große Kachelofen verbreitete mollige Wärme. Wider Erwarten wollte Wolfgang an den sorgfältig gedeckten Tisch gebracht werden. Auf einmal begann er zu erzählen und zu reden, mehr als auf der ganzen Reise. Durch alle seine Worte

klang das beseligende Gefühl der überstandenen Reise und des Angekommenseins.
Nach einer Stunde brachten wir unseren Patienten in sein behaglich eingerichtetes Zimmerchen, das die Eltern mit Hilfe guter Freunde für ihn eingerichtet hatten. Er wirkte so frisch, daß seine Mutter gar nicht ahnen konnte, welche Angst ich auf der Reise ausgestanden hatte. Für den nächsten Tag erwarteten wir einen guten Arzt.
Nach vielen Tagen schlief ich in dieser Nacht zum erstenmal wieder fest und tief. Ich hatte meinen Auftrag vollendet.
Am anderen Morgen brachte Herr Relenberg freudestahlend einen Zentner Briketts, der für Wolfgang eigens genehmigt worden war. Frau Relenberg erzählte von einem Kopfkissenbezug und einem Viertel Liter Milch. Immer wieder, so lange ich in Berlin war, gab es für etwas zu danken, für zwei Kartoffeln, eine Handvoll Mehl oder ein gut gebackenes Brötchen.
Meine Gastgeber wollten mir die Stadt von allen Seiten zeigen, und so blieb ich einige Tage in Berlin, auch war ich dankbar, noch in Wolfgangs Nähe sein zu können. Es war mir alles wie ein Traum: die vielen Trümmer, in denen ganze Kolonnen von Frauen und Mädchen arbeiteten – auch Anita war im Einsatz –, der berühmte Kurfürstendamm, die Ruinen der Gedächtniskirche.
Wolfgangs Befinden besserte sich nicht. Bei jedem

Schritt durch die breiten Straßen, welche durch die vielen Ruinen noch größer und weiter erschienen, fühlte ich im voraus die Bitterkeit des Abschieds.
Am Tag vor meiner Heimkehr hatte ich das letzte Gespräch mit Wolfgang. Ich saß an seinem Bett. Er hustete viel und war sehr erschöpft.
»Ach Hannele«, sagte er leise. »Manchmal kann ich mir nun doch nicht mehr vorstellen, daß ich wieder gesund werde. Aber weißt du, vor dem Sterben hätte ich Angst.«
»Angst, die haben wir alle, Wolfgang. Ich auch. Aber ich denke mir dann, durch diese Heimreise sollte uns gezeigt werden: Auch die große Heimreise wird einmal ans richtige Ziel kommen, und sie wird viel besser gelingen, als wir uns das vorstellen können. Ich wenigstens will die vielen Hilfen, dieses Getragenwerden von einer Station zur anderen, nie mehr vergessen. Hab Vertrauen, Wolfgang! So, wie es wird, wird es recht. Und auch wenn ich nun nicht mehr bei dir bin – du bist nie allein . . .«
»Und du auch nicht, Hannele!«
Dann weinten wir still zusammen.
Hätte ich nicht so sprechen sollen? Die ganze letzte Nacht plagte mich dieser Gedanke. Es konnte doch auch noch alles gut werden. Ohne Hoffnung kann kein Mensch leben. Auch ich vermochte es im Grunde nicht. Alle, alle machten ihm Hoffnung, sogar der Arzt. Und seine Eltern. Aber lebte nicht tief in ihm ein Wissen, das mehr erkannte als alle ober-

flächlichen Tröstungen? Wäre es wirklich richtiger gewesen, ihn mit diesem Wissen so bitterlich allein zu lassen? Ich tat kein Auge zu.
Herr Relenberg hatte alle Papiere für mich besorgt. Ich würde diesmal nirgends schwarz über die Grenze müssen. Am Vormittag verabschiedete ich mich von Wolfgang. Ich brachte sogar ein Lächeln zustande, um es ihm nicht schwer zu machen. Er aber konnte sich mit keiner Silbe äußern. Als ich die Tür des Krankenzimmers schloß, war es mir, als sei mein Leben zu Ende.
In der Küche hatte Frau Relenberg mir einen gehäuften Teller mit Nudeln und einem Ei darüber gerichtet. Es waren sicher ihre letzten Nudeln und ihr letztes Ei. Aber ich brachte keinen Bissen hinunter. Darüber wurde sie fast ein wenig böse. Jedoch Herr Relenberg machte der Not ein Ende, indem er mich zum Aufbruch mahnte:
»Das Hannele wird gewiß einmal wiederkommen. Dann wird es uns allen besser gehen.«
Zwei Stunden vor der Abfahrt des Zuges mußten wir auf dem Bahnhof Zoo sein. Da ich außer meiner großen Handtasche nun kein Gepäck mehr hatte, war mir nicht bange ums Durchkommen, auch als ich das fürchterliche Gedränge an der Sperre sah. Ich kam gut hinüber auf die andere Seite. Von der Treppe aus konnte ich den Professor noch sehen, ein letztes Mal.
Dann war ich allein.

Es war, als habe der Zug eine ungeheure Last zu ziehen, so mühsam setzte er sich in Bewegung. Durch die Fenster erblickte ich das Land eines verlorenen Krieges: Ruinen und Armut. In Magdeburg hielt der Zug zum ersten Mal. Beim Grenzübertritt ging auch alles gut. Gegen 11 Uhr nachts fuhren wir in Hannover ein.
Da ich über eine Stunde Aufenthalt hatte und mich nicht sonderlich wohl fühlte, suchte ich nach einem Sitzplatz, fand aber keinen und kauerte mich seitlich auf die kalten Treppenstufen der Unterführung. Ich glaubte, meine Not kaum mehr ertragen zu können. Die Verlassenheit und die plötzliche innere Leere überfielen mich ausweglos. Es schien, als ob mit meinem vollendeten Auftrag nun auch alle inneren und äußeren Kräfte erschöpft wären.
Die Menschen um mich her waren über ihre Kräfte mit Gepäck beladen. Alles Erdenkliche wurde mitgeschleift: Kohlen, Holzscheite, Marmelade, Obst, Kartoffeln, Gemüse. Niemand wagte, Pakete über die Zonengrenze zu schicken, die Erfahrungen waren zu unerfreulich. »Hilf doch diesen Menschen, das Gepäck die Treppe hinauftragen«, sagte ich zu mir selbst, »das lenkt dich von deinem Herzweh ab.« Jedoch gleich der erste Mensch, eine Schwester in Tracht, fuhr mich barsch an: »Mache Se bloß, daß Se wechkomme, oder ich zeich Se an!« Eine junge Frau mit zwei kleinen Kindern und riesigen Rucksäcken mühte sich die Treppe herauf. Am linken

Arm ließ sie mich mittragen, den rechten Griff behielt sie fest in der Hand, und auch die Kinder gab sie mir nicht.
Ich versuchte es noch ein drittes Mal und begriff dann, daß es aussichtslos war, zu helfen. Jeder verdächtigte jeden. Arme, deutsche Menschen . . . Nicht nur Hab und Gut sind zerstört, sondern auch alles Vertrauen.
Der Zug nach Stuttgart fuhr in die Halle. Ein Sturm auf die Trittbretter setzte ein.
»Da kommst du nicht mit«, dachte ich in müder Verzweiflung. Aber der Schaffner drückte mich mit den letzten Fahrgästen einfach auf die Plattform. Auf der nächsten Station wurde man von den Nachkommenden in den Wagen geschoben, dort war es wenigstens nicht so kalt. Ach, nur sitzen dürfen!
Mir war sterbenselend. Lange konnte ich mich aufrecht halten; fallen konnte man, eingekeilt in die Menge, auch kaum. Aber dann wurde mir schwarz vor den Augen und ich sackte wohl zusammen. Da griffen von hinten zwei starke Arme nach mir, ich wurde auf einen Sitzplatz gedrückt. Ich erkannte niemanden, aber ich war unendlich dankbar für diese Hilfe.
Es war eine lange, einsame Nacht, trotz der vielen Menschen um mich herum. Gegen sieben Uhr kamen wir durch Frankfurt, es schimmerte schon ein wenig hell durch die Fenster. Nach einigen Stunden fuhren wir in Stuttgart ein.

Ich hätte zu meiner Tante Lydia gehen können, aber nun wollte ich nichts als nur heim, heim! Ich hatte in den kurzen Tagen zuviel Not, Elend und Jammer gesehen.
Als sich der Zug dann gegen Abend der Schwäbischen Alb näherte, war es mir, als käme ich in eine andere Welt. Noch war ich ganz im Bann der zerstörten großen Städte. Und nun sollte ich zurück in die behütete, fast idyllische Enge meines Dorfes, in die niedrigen Häuser mit ihrem einfachen Arbeitsrhythmus, den die Natur und unsere Tiere uns auferlegen, zu den Menschen mit ihren Alltagssorgen und ihrem Kleinkram. Würde das Heimkommen gelingen?
Unbemerkt gelangte ich zu Hause an und schlüpfte in mein Stübchen. Als sie mich entdeckten, war der Jubel groß. Vater fütterte im Stall, er wurde gleich geholt. Ich konnte gar nicht schnell genug auf alle mich bestürmenden Fragen antworten. Auch die Nachbarn drängten sich zur Tür unserer Wohnstube herein und wollten ihre »Berlinerin« sehen. Ernst und nachdenklich hörten sie zu. Ehe sie gingen, sagten sie: »Wir wollen trotzdem versuchen, Pakete zu schicken. Kommen sie nicht an, so helfen sie dennoch irgend jemand aus seiner Not.«

Einige Zeit darauf erhielten wir an einem kalten Februarmorgen einen Brief von Professor Relenberg, in welchem er uns mitteilte, daß Wolfgang

nun auch die letzte Heimreise in versöhntem Frieden vollendet habe. Erst jetzt erkannte ich, wie sehr ich doch, allen verständigen Überlegungen zum Trotz, auf ein Wunder gehofft hatte.
Herr Relenberg dankte mir nochmals für alle Hilfe, die es möglich gemacht habe, daß Wolfgang bis zum letzten Atemzug daheim hatte sein können, um in der Nähe der Eltern seine Ruhestätte zu finden. »Auch er ist noch ein Opfer des großen Krieges«, fügte der Professor hinzu. »Seine Entkräftung und die Traurigkeit über das Schicksal unseres Volkes haben der Krankheit die Oberhand gelassen.«
An Wolfgangs Geburtstag, der bald darauf war, ging ich weit hinaus auf die Höhe der Alb, als sei ich ihm dort näher. Eine demütige Freude überkam mich in der Erkenntnis, daß ich dazu ausersehen gewesen war, einem leidenden jungen Menschen den letzten Wunsch auf dieser Erde zu erfüllen. Und ich vertraute darauf, daß auch mein Leid in der Geborgenheit jener großen, uns nie begreiflichen Liebe einmal zur Ruhe kommen und Früchte tragen würde.

Das ist die Geschichte jenes Fotos auf dem Bücherschrank.
Irgendwann einmal soll Wolfgang junior es bekommen, an seinem Hochzeitstag vielleicht oder bei der Geburt seines ersten Kindes. Ich würde ihm gerne eine Widmung dazu schreiben, aber ich vermute, daß sie ihm zu »fromm«, jedenfalls aber zu welt-

fremd vorkäme. Es müßte wohl ein Wort aus dem 90. Psalm sein:
»Der du die Menschen lässest sterben, und sprichst: Kommt wieder, Menschenkinder! Denn tausend Jahre sind vor dir wie der Tag, der gestern vergangen ist.«
Wolfgang junior ist inzwischen recht vertraut bei uns da oben. Er wird auch in Zukunft manches Wochenende hier sein, er fühlt sich »daheim«. Er sagt, ich sei seine württembergische Vizemutter. Da ich das Vizemutter-sein gewöhnt bin, gehen mir auch die »Kinder« nie aus, immer wieder wachsen neue auf.
Sowohl Wolfgang junior, als auch seine Mutter haben mich inzwischen wiederholt nach Berlin eingeladen. Nach jahrelangem Stillschweigen hat Anita die Verbindung neu aufgenommen.
»Du bist ja nun durch nichts und niemanden mehr gebunden«, schrieb sie mir, »weder durch die pflegebedürftigen Eltern noch durch den Betrieb. Und die Fahrt nach Berlin ist inzwischen ganz einfach. Wolfgang wird Dich zum Flugplatz bringen, und in eineinhalb Stunden bist Du hier. Wenn Du Glück hast, wirst Du eine gute Sicht auf Deutschland haben, auf die Autobahnen und die neuen Häuser, die aussehen, als seien sie aus einer Spielzeugschachtel. Und wenn Du schlechtes Wetter hast, wird das Flugzeug über den Nebel emporsteigen und Du hast strahlende Sonne über einem glänzend weißen Wolken-

meer. Falls Du abends ankommst, wird Berlin unter Dir liegen wie ein diamantenbesetzter, dunkelblauer Samtteppich.«

Sobald es sich schickt, werde ich die Einladung wahr machen. Äußerlich wird es inzwischen eine höchst angenehme Fahrt sein, genau das Gegenteil von damals. Aber mein Herz wird dennoch viel zu arbeiten und viel zu leiden haben. Die deutsch-deutsche Grenze wird mir mitten durchs Herz gehen, und vor der Mauer in Berlin habe ich Angst. Daß man sich an all diese Dinge zu gewöhnen beginnt und Wolfgang junior gar nicht mehr weiß, wie anders das früher alles war, macht es für mich nicht leichter.

Auch Wolfgangs Grab werde ich nicht mehr finden. Es ist bereits übergangen worden. Wie Ewigkeitsatem weht es mich dabei an. »Unser Leben fähret schnell dahin, als flögen wir davon.«

Der Großvater hat als Bub noch das 20. Jahrhundert einläuten hören, das in ungeahntem Maß ein Jahrhundert der Umbrüche wurde, und deshalb die Menschen in Ost und West immer wieder in neue gegenseitige Ängste stürzt.

»Im Fluge unserer Zeiten . . .«, wie oft kommt mir jetzt das Silvesterlied (von Jochen Klepper, EKG 45) von damals in den Sinn!

Andere Sorgen, andere Nöte werden die Menschheit der Zukunft erschüttern, aber dem Leben werden weiterhin Wunden geschlagen, im großen und im kleinen. Werden wir vertrauen können, wenn die vollkommene Liebe, die jenseits aller Willkür das Beste aus unseren Schicksalen herausformen möchte, in uns wirken will?

»Wer ist hier, der vor dir besteht?
Der Mensch, sein Tag, sein Werk vergeht:
nur du allein wirst bleiben.
Nur Gottes Jahr währt für und für;
drum kehre jeden Tag zu dir,
weil wir im Winde treiben.«

Monika Taubitz

Treibgut

Erzählung

332 Seiten.

Fest gebunden.

»Treibgut« erzählt die Geschichte einer kleinen Familie in den Hungerjahren nach dem Zweiten Weltkrieg. Ein achtjähriges Mädchen wird mit seiner Mutter und seiner Tante aus der schlesischen Heimat vertrieben und in die Fremde der norddeutschen Küstenregion verschlagen. Drei Menschen leben zusammen in der Not um ihre bloße Existenz und in Sorge um das tägliche Brot – ein deutsches Schicksal, das viele Beispiele in jener Zeit hat. »Treibgut« ist mehr als Vergangenheitsbewältigung oder persönlich-private Familienerinnerung. Hier wird erlebte und erfahrene Zeitgeschichte lebendig und verständlich.